世界の不思議
超怪奇ＸＸ
ファイナル
ダブルエックス

永岡書店

はじめに

私が子どものころ、一番好きだったものは世界のミステリーをつづった本でした。こういった本を読むと、世界が広がったような気持ちになり、子供心にわくわくしたものです。

ムーやアトランティスなど海中に消えた謎の大陸、スプーン曲げや透視・千里眼といった超能力、ノストラダムスに代表される予言の数々、異次元に人間や乗り物が消えてしまう現象、過去の人物がタイムスリップしてくる現象、幽霊が出てくる心霊事件、古代の人がつかっていたとは思えないような進んだ技術、UFOや宇宙人が地球に飛来する事件など、数多くのミステリーに心をおどらせました。

当然、自分が大人になった21世紀には大部分のミステリーが解決済みであり、世の中にはミステリーなどはなくなっていると思いました。ですが、今度は自分が作家となって不思議分野をあつかうようになると、解決済みのミステリーのかわりに新たなミステリーが生まれていることに気がつきました。21世紀となったこの世界には、まだま

だ謎があふれていたのです。

もちろん、すでに解決済みのミステリーを、いつまでも謎といいはる研究家やテレビ番組はありますが、インターネットが発達し、事件の裏や真相が確認できる現在において、そんなミステリーにはなんのリアリティもありません。私は本書において、解決されている真相はできる限り公開したつもりですし、今後も新しく謎が解かれた場合は、情報公開していくつもりです。今後とも山口敏太郎の活動を楽しみにしていてください。

時代とともにミステリーは生まれ、謎の真相が明らかになり、ミステリーが消えていくと新しい謎の扉が開いていく。ミステリーの連鎖は永遠に続くのです。なんてすてきなリレーなんでしょう。ミステリーを探求する心があれば、さまざまなところにミステリーを見いだすことができます。

さあ、あなたもこの本のページをめくって世界の不思議を楽しみましょう。未知との遭遇は、きっとあなたを魅力的な大人に成長させてくれることでしょう。

目次 Contents

はじめに …………………………………… 2

目次 …………………………………… 3

この本の見方 …………………………… 6

最新怪奇ニュースXX

自衛隊パラシュート訓練中に出現したUFO … 7

福島県で発掘された縄文時代の恐竜土偶 … 8

光の渦 …………………………………… 9

最凶の呪い面 …………………………… 10

ババ・ヴァンガ ………………………… 11

アシアナ航空事故「7」の呪い ………… 12

茅ヶ崎駅の消えた子供 ………………… 13

ゴム人間 ………………………………… 14

第1章 UFO・宇宙人

UFOと宇宙人 ………………………… 16

ロズウェル事件 ………………………… 20

エリア51 ………………………………… 23

アーノルド事件 ………………………… 24

大阪を襲来したクラシックなUFO …… 28

大阪の分裂するUFO …………………… 29

宇宙人解剖フィルム …………………… 30

チェンニーナの宇宙人事件 …………… 32

ロシア連邦大統領が宇宙人にら致 …… 34

マンテル大尉機墜落事件 ……………… 36

ヒル夫妻誘拐事件 ……………………… 38

高知けら事件 …………………………… 40

北海道のUFO事件 …………………… 41

UFOクリート事件 …………………… 42

メキシコ空軍UFO事件 ……………… 43

宇宙人の母親を持つイギリス議員 …… 44

ブラックナイト ………………………… 45

キャトル・ミューティレーション …… 46

ミステリーサークル …………………… 47

八ヶ岳のUFO ………………………… 48

山口敏太郎の極秘ファイル①
人類と宇宙人の異なる時間感覚 ……… 49

第2章 遺跡・オーパーツ

ムー、アトランティス、レムリア …… 52

歩き出したモアイ像 …………………… 56

ピラミッド、スフィンクス …………… 60

ツタンカーメンの墓 …………………… 62

都塚古墳 ………………………………… 64

ナスカの地上絵 ………………………… 66

銭形 ……………………………………… 67

カンボジアのステゴサウルス ………… 68

巨人たちの国 …………………………… 70

ストーンヘンジ ………………………… 72

エーブベリー …………………………… 73

3

サマイバタ遺跡 …………… 74

ノアの方舟 …………… 76

アンティキティラ島の機械 …………… 78

ヴォイニッチ手稿 …………… 80

クリスタル・スカル …………… 82

さびない鉄柱 …………… 83

コスタリカの石球 …………… 84

ネブラディスク …………… 85

山口敏太郎の極秘ファイル②
説明のつかないオーパーツ …………… 86

? 第3章
怪事件

バミューダトライアングル …………… 88

バード少将が目撃した地下帝国 …………… 92

サンジェルマン伯爵 …………… 96

メキシコの人形島 …………… 98

メアリー・セレスト号の怪異 …………… 100

北海道の泣く木 …………… 102

シンクホール …………… 104

コティングリー妖精事件 …………… 106

ドッペルゲンガー …………… 108

過去から現れた飛行機 …………… 110

人体発火現象 …………… 112

ファフロツキーズ現象 …………… 114

タイムトラベルした2人の女性 …………… 116

動き出すオシリス像 …………… 117

ディアトロフ峠事件 …………… 118

ケム・トレイル …………… 119

お菊人形 …………… 120

山口敏太郎の極秘ファイル③
説明不能な謎の怪事件 …………… 121

✡ 第4章
呪い・呪術

アイスマンの呪い …………… 124

コイヌールの呪い …………… 126

ホープダイヤモンド …………… 127

呪いのモナリザ …………… 128

ルーマニアの魔女逮捕事件 …………… 130

呪いのガイコツ標本 …………… 132

ブードゥー教の呪い人形 …………… 134

バズビーのイス …………… 136

おたぬきさん …………… 137

山口敏太郎の極秘ファイル④
呪いのメカニズム …………… 138

👁 第5章
超能力・予言・霊視

ノストラダムスの大予言 …………… 140

エドガー・ケイシー …………… 142

ファティマの予言 …………………… 144

怪僧ラスプーチン …………………… 146

福来友吉の実験 ……………………… 148

イルミナティカード ………………… 150

ジョン・タイター …………………… 152

をのこ草子 …………………………… 153

山口敏太郎の極秘ファイル⑤
超能力者の真偽を見極める ………… 154

第6章
シンクロニシティ

リンカーンとケネディ ……………… 156

モンスの天使事件 …………………… 158

ギリシャ神話と日本神話 …………… 160

双子のシンクロニシティ …………… 162

亡き人の顔がうかぶ木 ……………… 164

クロスワードパズルとノルマンディー上陸作戦 … 165

山口敏太郎の極秘ファイル⑥
寅さんそっくりの埴輪 ……………… 166

第7章
心霊・死後の世界

心霊写真 ……………………………… 168

エベン・アレグザンダー医師 ……… 170

ポルターガイスト …………………… 172

赤い服の女の子の怨霊 ……………… 174

呪いの軍服 …………………………… 176

前世の記憶を持つ人々 ……………… 177

山口敏太郎の極秘ファイル⑦
極限状態の人間が見る"サードマン" … 178

第8章
怪人

シャドーマン ………………………… 180

スプリング・ヒール・ジャック …… 182

パタゴン ……………………………… 183

フライングヒューマノイド ………… 184

マッドガッサー ……………………… 185

ホワイトレディ ……………………… 186

山口敏太郎の極秘ファイル⑧
怪人とはいったいなんなのか ……… 187

謎の怪奇エリアを発見！
日本のミステリースポット

油すましの墓 ………………………… 188

河童淵 ………………………………… 189

満奇洞 ………………………………… 190

将門の首塚 …………………………… 191

この本の見方

 UFO・宇宙人　 遺跡・オーパーツ　 怪事件　 呪い・呪術　 超能力・予言・霊視　 シンクロニシティ　 心霊・死後の世界　 怪人

名称
事件や怪奇現象、遺跡などの名称を記しています。

カテゴリー
事件や現象などが、どの怪奇カテゴリーに属しているかを記しています。

写真
事件や怪奇現象、遺跡などに関する写真やイラストを掲載しています。

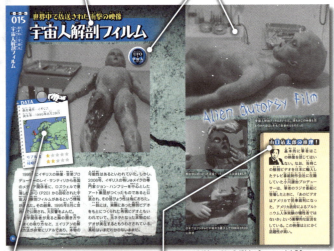

山口敏太郎の推理
事件や怪奇現象などの真相や、それに関連する情報などを、山口敏太郎が解説します。

DATA

事件などが起きた場所や時期などを記しています。
〇〇〇度は、その度合いがどれだけ高いかを示しています。
★の数が多いほど、その度合いは高くなります。

リアル度　事件や現象などがどれだけ真実に近いか
侵略度　UFOや宇宙人の侵略する意思の強さ
謎度　事件や現象がどれだけ謎めいているか
技術レベル　その文明の技術力の高さ
怪奇度　事件などの怪しさや奇妙さ

衝撃度　事件などがどれだけ衝撃的か
呪いの強さ　呪いがどれだけ強力か
致死度　その呪いにかかると死ぬ度合い
偶然度　偶然の一致が起きる度合い
不思議度　現象の不思議さ
恐怖度　現象などのおそろしさ
危険度　怪人に出会ったときの危なさ

最新怪奇ニュース

世界は不思議にみちあふれ、今日もまた新たなミステリーが生まれている。
ここでは世界のミステリー最新情報をお伝えしよう。

ファイルNo. **001**
UFO・宇宙人

日本は宇宙人に監視されている!?
自衛隊パラシュート訓練中に出現したUFO

▲丸で囲んだのがUFOと思われる謎の物体

2015年1月11日、千葉県の航空自衛隊習志野基地にて航空自衛隊輸送機からの降下訓練イベントが開さいされた。筆者が見学に行ったとき、降下訓練中の自衛隊機のはるか上空に不思議な飛行物体の姿を確認した。すぐに動画撮影をして確認したところ、飛行機の向かい側に突然白くて丸い物体が登場し、瞬時に消えてしまった。しかし、そのあとふたたび白い物体が瞬間的に現れ、その白い物体はあちこちに移動した。

DATA
- 発生場所：日本（千葉県）
- 発生年：2015年1月11日
- リアル度：★★★★★
- 侵略度：★★

山口敏太郎の推理！

東京都稲城市では3機のUFO編隊が出ぼつした。2014年12月13日に、キラキラ光る3機の白い物体を目撃。それぞれちがう光りかたをしていたという。

7

ファイルNo.002 遺跡オーパーツ

人間と恐竜が日本でも共存していた!?
福島県で発掘された縄文時代の恐竜土偶

いわゆる恐竜とはちがった形のものもある

筆者はある骨とう商から、福島県にある縄文時代の遺跡から出土したという土偶をゆずりうけた。この土偶の形が不可解である。一角獣のようなビジュアルのもの、ケンタウロスのように上半身が人間のもの、顔が人面のようなもの、背中が器のようにポッカリと空いた亀のようなもの、首が2つある地獄の番犬・ケルベロスのようなものなど、あまりにも奇妙な土偶たちであった。縄文時代に怪獣を創造したアーティストがいたのであろうか。

DATA
- 発生場所: 日本（福島県）
- 発生年: 紀元前145～前10世紀
- 謎度: ★★★★
- 技術レベル: ★★

山口敏太郎の推理！

この手の奇妙な土偶といえば、メキシコのアカンバロから出土した「恐竜土偶」というものが有名だ。人類と恐竜が共存した証拠といわれたが、うめもどしたあとなどが指てきされており、近代の偽造説が有力である。しかし、3万体以上の土偶が個人レベルで製作可能だろうか。

最新怪奇ニュースX

ファイルNo. 003　怪事件

世界中の上空に現れる謎の現象
光の渦

▲この現象はレーダー、映像、目視で確認されている

近年、世界各地でかつてない謎の発光現象が報告されるようになっている。その大きさは巨大で、多くの人々がこの現象を目撃しニュースなどでも大きく取り上げられている。また、レーダーや映像など記録に残されながらも、いまだにそのメカニズムは解明されていないのである。

そんななか、2012年10月27～29日にかけて、メキシコで謎の巨大渦巻きが観測された。メキシコの気象レーダーがとらえたものだが、その原因はわかっていない。ぶきみなのはUFOとの関連である。この渦巻きが発生する直前の2012年10月25日、メキシコ・プエブラ州にあるポポカテペトル山の火口に侵入するUFOが目撃されていたのだ。ロシアのミサイル実験の影きょうも指てきされているが、宇宙からのメッセージともいわれ、謎は深まるばかりである。

この謎の発光現象が、世界のどこかでふたたび出現する可能性は高いかもしれない。いつか日本でも発生し、われわれが目撃する日がきてもおかしくはない。

DATA
- 発生場所：メキシコほか
- 発生年：2009年～
- 怪奇度：★★★★★
- 衝撃度：★★★★★

山口敏太郎の推理！

このような原因不明の渦巻きは、各地で観測されている。2009年12月9日にはノルウェーで、2010年6月5日にはオーストラリア、2011年6月21日にはモンゴルなどで目撃されており、「スパイラルUFO」とよばれている。

ファイルNo.

004
呪い呪術

関わる人間がみな、不幸になる…
最凶の呪い面

筆者は骨とう商から呪いのグッズを購入するのが趣味である。「呪い面」の購入もその一環であった。その「呪い面」は、雑なあつかいをしたり、バカにした関係者や企業に続々とたたりをなし、多くの死者や倒産、事故が起こった。筆者は当初、たんなる不幸の偶然で、なにも起こらないと思っていたのだが、あまりにも不幸が続くので京都の友人のお寺にふう印してしまった。それでもふう印したあとも、面がまとっていた布がボロボロになってしまったのだ。

▲住職の毎日の読経でもふう印しきれなかった

山口敏太郎の推理！

呪い面はふう印されたあとも、お寺の関係者2人を死に追いやったり、興味本位で見た人の自宅の衣装を切りさいたり、ふざけたテレビ関係者のスマートフォンを何台も破かいしたりと、今も不思議な現象を起こしている。

DATA

発生場所	日本
発生年	不明
呪いの強さ	★★★★★
致死度	★★★★

最新怪奇ニュースX

ファイルNo. 005
超能力／予言・霊視

圧倒的な的中率をほこる最強の予言者
ババ・ヴァンガ

ブルガリアのババ・ヴァンガは、12歳のときに竜巻に遭遇、数キロ先まで飛ばされ視力を失った。1996年に亡くなったときには国葬なみの葬儀が行われ、新聞がトップニュースで報じた。その予言はすさまじい的中率であり、80％をこえるという説もある。ロシアの原子力潜水艦事故を的中させたり、1989年にはアメリカ同時多発テロ事件も予言。「アメリカの兄弟が鉄の鳥に攻撃されてこわれる」という予言はツインタワーへの飛行機の突入を意味しているのだ。

▲一説にはヒトラーが相談したともいう

DATA
- 発生場所：ブルガリア
- 発生年：1911年（生年）
- 衝撃度：★★★
- リアル度：★★★★

山口敏太郎の推理！

超能力者や予言者は、事故や病気ののちに不思議な力を使えるようになることが多い。肉体の危機に際し、未知の能力が目覚めるのであろうか。裕福な家庭よりも、貧しい家庭に生まれたほうが未知の能力が芽生えやすいという。

ファイルNo.006 シンクロニシティ

すべての数字が一致する不思議な現象
アシアナ航空事故「7」の呪い

事故原因はパイロットのミスだった

2013年のアシアナ航空214便着陸失敗事故には「7」に関する呪いが指てきされている。韓国時間の2013年7月7日に発生しており、路線ができてから7年目でもあった。しかも、機種はボーイング777型機であり、韓国人の乗客が77人だったことも偶然にしてはぶきみである。また、便名「OZ214」の数字を全て足せば「7」になるし、事故の原因となった「Landing（着陸）」のアルファベットが7文字である。機体は炎上し、3人の乗客が死亡した悲しい事故だ。

山口敏太郎の推理！

韓国の都市伝説研究家の間では「韓国の大きな飛行機事故は7月に発生しやすい」という説がある。1993年に全羅南道海南郡で飛行機が墜落した事故や、2011年に貨物機が済州島沖の海上に墜落した事故などが7月に起きている。

DATA	
発生場所	アメリカ合衆国
発生年	2013年7月6日
偶然度	★★★★
不思議度	★★★★★

最新怪奇ニュース

ファイルNo. 007
心霊・死後の世界

目撃者多数なのに、なにも残っていない

茅ヶ崎駅の消えた子供

　2015年6月2日20時ごろ、JR茅ヶ崎駅の線路でひとり遊びをしている子供が目撃された。この様子をホームにいた客と運転士が発見し、列車は緊急停車したが、子供の姿はなく、いくら捜索しても発見できなかった。なお、監視カメラには最初から子供の姿は映っておらず、その後の警察の捜索でも見つからなかった。では、ホームにいた客と、列車の運転士が同時に見た"子供"は幻覚なのか？　幽霊なのか？　謎は深まる。

◀子供はいったいどこに消えたのか……

山口敏太郎の推理！

　こんな話もある。2014年11月16日夕方ごろ、大阪府の南海本線泉大津駅で50～60代と思われる女性が奇声を発しながら電車へ飛びこむ事故が発生した。電車は急停止したが、死体や血痕は残っておらず、女性の姿は消えていたという。

DATA
- 発生場所: 日本（神奈川県）
- 発生年: 2015年6月2日
- 恐怖度: ★★★★
- 謎度: ★★★★★

13

ファイルNo.008 怪人

クネクネと動く謎の"都市型怪人"
ゴム人間

日本が中心だが、メキシコでも目撃例がある

現代社会では、人間のなかにまぎれた怪人が数多く存在するという。「ゴム人間」もその一種である。多くの芸能人が目撃したと証言しており、テレビ番組や雑誌・新聞を通して、その存在が広がった。特ちょうとしては全身が緑色（桃色、黒色などちがうパターンもある）で、全身をクネクネとゆらしながら、人間にまぎれて生活しているという。不思議なことに周囲の人間には、普通の人間に見えるとされている。

◀丸で囲んだのがゴム人間

山口敏太郎の推理！

2007年1月、東京の明治神宮を参拝中のNさんという女性から「体全体がクネクネしていて、緑色っぽい怪人がいます」と、電話があった。彼女は霊や妖怪が見える霊感のある人だ。そこで撮影されたのが、右の写真なのである。

DATA		
発生場所	日本
発生年	不明
リアル度	★★★★
危険度	★★

第1章

UFO・宇宙人

UFO【ゆーふぉー】
Unidentified Flying Objectの略。日本語に訳すと未確認飛行物体。地球上の飛行物とは異なる形状や動きをするため、宇宙人の乗り物と考えられることが多い。世界中で目撃情報がある。

宇宙人【うちゅうじん】
人型の地球外生命体のことで、われわれ地球人よりも高い知能と科学力を持っているとされる。人間をふくむ地球の生物にコンタクトをとってくることもあるが、目的は不明。

ファイルNo. 009 UFO・宇宙人

世界を騒然とさせた衝撃画像
UFOと宇宙人

UFOのビジュアルを決定づけた「アダムスキー型UFO」

UFO&Alien

DATA
発生場所…世界各地
発生年…1947年6月24日

リアル度 ★★★★★
侵略度 ★★★★★

　UFOとは未確認飛行物体のことであり、基本的に地球の人類が作った飛行物体ではなくて、地球外の生命体、つまり宇宙人によって作られた飛行物体とされている。
　おもに太平洋戦争のあとに、その存在が広がったとされているが、19世紀末ごろから、ほかの星から宇宙人が宇宙船に乗って地球に飛来しているとうわさされてきた。

　その形はアダムスキー型、はまき型、発光型、球形型、トライアングル型、戦艦型など何種類ものパターンが撮影されている。
　UFOを撮影した写真や動画は多数あるが、その多くが真偽をめぐって論争が続いている。UFOを呼んだり、宇宙人と交信したりする人物はコンタクティとよばれているが、もっとも有名で、その元祖とよばれるのが、ジョー

1976年3月8日、スイスで撮影されたかなり奇妙な形のUFO写真

1984年、ブラジルのサンパウロで撮影されたUFO

メキシコシティ付近で捕獲されたという。人間によって小型の宇宙人が連行される有名な写真

ジ・アダムスキーである。彼は宇宙人のUFOに乗って月の裏側に行ったと証言しているが、否定的な意見も多い。

ほかにもスイスのビリー・マイヤーや日本の武良信行などがいる。特に武良氏はテレビ中継で何度もUFOの呼び出しに成功している。

宇宙人との遭遇事件は目撃や写真撮影だけにとどまらず、UFOまで連れこまれ、実験などをされる場合もある。

Unidentified Flying Object

17

ファイルNo. 009
UFO・宇宙人
UFOと宇宙人

アメリカ・ニューヨークのエンパイアステートビルの横を飛ぶUFO

Unidentified Flying Object

カリフォルニアで撮影。UFOなのか、それとも雲なのか……

宇宙人による人間ら致事件も発生しており、世界中で数万人の人間が宇宙人にさらわれたともいわれている。さらわれた人間の多くは記憶を消されてしまうため、催眠などで記憶を取り戻すことが多い。

強引に、またあやつられるようにしてUFO内部に連れこまれるパターンが多いが、なかには地球人みずからUFOに入っていく場合もある。敵対するような関係ばかりでなく、宇宙人のほうからも友好的な接しょくをしてくることもあるようだ。

現在は筆者が唱える、「UFOはタイムマシンであり、宇宙人は未来人である」という仮説が有力になっている。宇宙人が人類の前になかなか姿をあらわさないことや、UFOが極秘裏に活動している理由が、「過去の歴史を変えない」ということならば、その矛盾

1971年、オーストリアのシュタイアーマルク州に出現した金属のようなUFO

イギリスのシェフィールドにはUFO群があらわれた

が解消されるからだ。
　UFO現象において、ここ数年の動きは激しい。まず、インターネットやスマートフォンの普及などにより、誰もが普通にUFOの写真や動画を撮影できる時代となったことである。これは大変喜ばしいことであり、多くの映像が集まるUFO黄金期になりつつある。
　いままでにない、多くのUFO情報で世間は盛り上がることになるだろう。

山口敏太郎の推理！

　UFO画像は、もはやだれもが瞬時にインターネットにアップしてしまう。これではUFO情報をかくしとおすことはできない。そのためであろうか。リアルなUFO動画や写真と同じように、多くのフェイク（作り物）動画やフェイク写真がインターネット上にあふれる結果となった。筆者がマツコ・デラックスさんがMCを務める人気番組『マツコの知らない世界』に出演し、UFO動画のフェイク状況を暴露したインパクトは大きかった。反響は大きく、これからくるであろう「UFOブーム」を感じさせるほどであった。

ファイルNo. 010 UFO・宇宙人 ロズウェル事件

もっとも有名なUFO騒動
ロズウェル事件

UFO・宇宙人

フォスター牧場に、奇妙な皿のような円盤が墜落したのだ

Roswell Incident

DATA
発生場所…アメリカ合衆国
発生年…1947年7月

リアル度 ★★★☆☆
侵略度 ★★☆☆☆

　「ロズウェル事件」はUFO史上もっとも有名な事件のひとつである。1947年7月、アメリカ・ニューメキシコ州ロズウェル近郊で謎の飛行物体が目撃され、その2日後に羊牧場に墜落した残がいが発見された。
　なんと、宇宙人が操作するUFOが墜落し、アメリカ軍によって機体の残がいと、数体の宇宙人の遺体が回収されたというのだ。
　この衝撃的な事件は、7月8日にロズウェル近郊の牧場にてUFOの残がいを回収したと、軍部からマスコミに伝えられたものの、数時間後に軍部は前言をてっ回。軍が回収したものはUFOではなく、気象観測用の気球であったと情報を修正した。
　しかし、事件直後から、この軍部の姿勢には疑問を寄せる声が多く、じつは宇宙人のテクノロジーをアメリカが

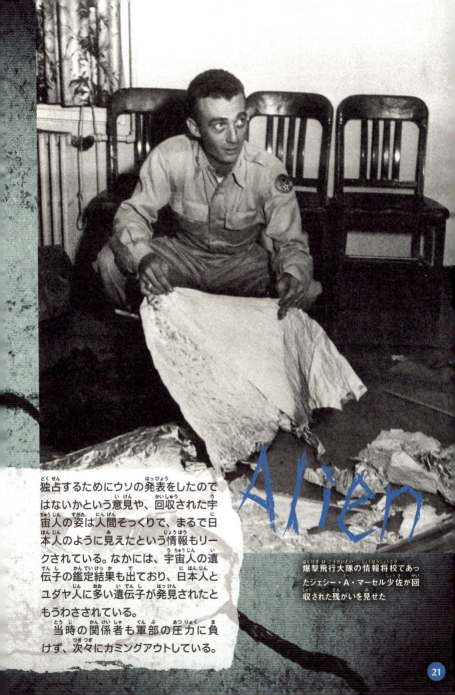

独占するためにウソの発表をしたのではないかという意見や、回収された宇宙人の姿は人間そっくりで、まるで日本人のように見えたという情報もリークされている。なかには、宇宙人の遺伝子の鑑定結果も出ており、日本人とユダヤ人に多い遺伝子が発見されたともうわさされている。
　当時の関係者も軍部の圧力に負けず、次々にカミングアウトしている。

爆撃飛行大隊の情報将校であったジェシー・A・マーセル少佐が回収された残がいを見せた

ファイルNo. 010 UFO・宇宙人 ロズウェル事件

軍による「空飛ぶ円盤」の回収を記事にしたロズウェル・デイリー・レコード新聞

自身の牧場で残がいを見つけたマック・ブレーゼル

　1978年には、UFO研究家のスタントン・フリードマンが、ジェシー・A・マーセル少佐に話を聞いている。事件当時、現場作業にあたったマーセル少佐は、ロズウェルで回収されたのは、宇宙人の乗り物であると明言している。
　また、1994年には、回収作業に関わったフランク・カウフマンも、軍部によって接収されたのは宇宙人の遺体とUFOであると告白している。また、ア

ポロ計画で月面を歩いた宇宙飛行士エドガー・ミッチェルも、ロズウェル事件では宇宙人の遺体が収容されたとはっきり言っているのだ。
　さらに事件を裏づける物的証拠も出てきている。90年代にはロズウェルで回収された宇宙人の遺体解剖フィルム（P30）なるものが出回り、世界を震かんさせている。
　また、2015年にはメキシコのUFO

農場の親子が回収した残がいは軍の手にわたった

事件が起きたフォスター牧場を経営する、マック・ブレーゼル夫妻が発見した

ファイルNo.011 エリア51

Area 51

研究家のハイメ・モウサンが、今まで公開されていなかった宇宙人の遺体写真を公開した。大変興味深い証拠だが、いずれもニセモノであるという反論もなされている。

目撃した人物や回収した人物もふくめ、関係した人間は多く、口をそろえてウソをつく可能性は低いだろう。謎が謎を呼ぶロズウェル事件の闇は、いまなお深い。

山口敏太郎の推理！

アメリカ・ネバダ州南部にあるのが「エリア51」という空軍の秘密基地である。この基地は、存在すら認められていなかった。公文書の開示請求により、CIAがその存在を認めたのはなんと2013年である。同基地にはロズウェルで回収された宇宙人の遺体やUFOの機体が保存されているとうわさされていたが、実際には、ステルス無人機「RQ-180」などの開発実験がメイン業務の基地であった。つまり、軍事機密を守るために宇宙人情報をかくれみのにしたのだ。

ファイルNo. 012
UFO・宇宙人
アーノルド事件

世界で初めてUFOに遭遇した男
アーノルド事件

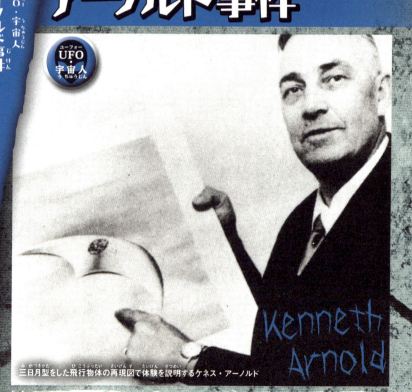

三日月型をした飛行物体の再現図で体験を説明するケネス・アーノルド

　世界で初めてUFOに遭遇したとされるのが実業家のケネス・アーノルドである。
　1947年6月24日、自家用セスナに乗っていた実業家の彼は、アメリカのワシントン州カスケード山脈上空、約2900mにてあやしい編隊を目撃した。その編隊は全部で9機、三日月型の飛行物体で構成されており、レーニア山付近を飛行中であった。

　しかも、数秒の間に急降下と急上昇をくり返し、左右にジグザグに飛行するなど、通常の飛行機では考えられない動きをしていた。また、アーノルドが計測したところ、当時の技術では難しいと思われる速さで、その物体は飛行していたのだ。
　この時、アーノルドは「この飛行物体の動きは、コーヒー皿を水面に向かって投げた時に、ピョンピョンと飛び

消火器販売会社の社長や、保安官代理を務めるケネス・アーノルドと夫人

はねるような感じであった」と証言している。この表現を当時の新聞記者がかんちがいして「コーヒー皿のような空を飛ぶ物体（フライングソーサー）」と記事に書いてしまい、「空飛ぶ円盤（フライングソーサー）」という言葉と、そのイメージが世界中に広まるきっかけとなってしまった。

つまり、ケネス・アーノルドが目撃したUFOは三日月型だったのに、空飛

DATA
発生場所…アメリカ合衆国
発生年…1947年6月24日

リアル度 ★★★☆☆
侵略度 ★★★★☆

ファイルNo. 012
アーノルド事件

UFO・宇宙人

アーノルドのセスナから約40m先に、9体の連なる飛行物体が現れた

北アメリカ大陸の西海岸沿いにあるカスケード山脈。その最高峰がレーニア山だ

ぶ円盤を見たというふうに誤報が流れてしまったのだ。

1947年当時は、まだ第2次世界大戦の終戦から2年しか経過しておらず、日本軍残党によるアメリカ攻撃が、まだまだうわさされている状況であった。だが、この年は、「ケネス・アーノルド事件」以外にも、「ロズウェル事件」（P20）、「モーリー島事件」などが起きており、UFOマニアの間では「UFO元年」ともよばれている。

このケネス・アーノルドの証言はアメリカ社会に衝撃を与えたが、事件直後にも編隊飛行する鳥や、観測用の気球と見まちがえたのではないのかという批判が起こっている。

それと連動する形で当初は彼を英雄視していたマスコミもバッシングと嘲笑に変わっていき、アーノルドは大変な苦痛を味わうことになる。その後、

飛行物体のひとつは、平たい三日月のようなつばさで、真ん中にドーム状のものがついていた

UFO

アーノルドはSF雑誌『アメージング・ストーリーズ』の編集長レイモンド・A・パーマーと組み、なんとUFO研究家に転身。さまざまなUFO事件の調査にぼっ頭する。

ちなみに、この目撃した6月24日は「UFO記念日」と定められている。毎年各地でUFOイベントが開催され、UFOマニアたちが観測を行なう日となっている。

山口敏太郎の推理！

アーノルドに関する疑惑は数々ある。なかでも自分のセスナから謎の飛行物体までの距離をまちがえて計測した可能性があると指てきされており、彼がわり出したUFOの大きさや速度は実物とはちがうともいわれている。また、彼以前にも謎の飛行物体は世界各地で目撃。第2次世界大戦中は「フーファイター」とよばれ、各国のパイロットにおそれられていた。つまり、UFOはかなり昔から地球に飛来しているのだ。

ファイルNo. 013 UFO・宇宙人

UFO目撃多発地帯は日本にあった
大阪を襲来したクラシックなUFO

写真の右上に赤い「アダムスキー型UFO」が見える

　この写真は2013年、筆者のもとに届いた「謎の物体」をとらえたものである。写真の右上に注目していただきたい。なんとオレンジ色に光る円盤のようなものが写っている。しかも、拡大してみるとクラシックな「アダムスキー型UFO」（P16）なのだ。
　アダムスキー型UFOといえば誰もが思いうかべる"あの"形状である。1952年にジョージ・アダムスキーが遭遇した、宇宙人の乗る「空飛ぶ円盤」のことだ。
　撮影者によるとこの写真がとられたのは2013年5月25日21時21分、場所は大阪府泉大津市のマンションの20階。この場所から数枚の写真を撮影したところ、2枚目にこの物体が写っていたという。
　この写真をはじめて見た山口敏太郎事務所のスタッフたちは、おどろき

ファイルNo.014 大阪の分裂するUFO

2012年、筆者の友人が大阪の人里はなれた場所で撮影したUFOと思われる物体の写真。この光はかなりの高速で飛行したあと、1ヵ所に集まり「集合→分裂」をくり返していた。ただし、5体がすべて集まることはなく、必ず1体が離れた場所で様子を見ているような動きをしていた。少なくとも、その動きを4回はくり返したと友人は話した

DATA
発生場所…日本（大阪府）
発生年…2013年5月25日

リアル度 ★★★★★
侵略度 ★☆☆☆☆

をかくせなかった。なぜならあまりに「ハッキリ」と、明確なUFOが写っていたからだ。

これは一体なんだろうか。批判的な人物から、室内の電灯が窓ガラスにうつりこんだだけではないのかという意見も寄せられたが、自宅の照明を見まちがえる人はそうはいないだろう。

また、本人に確認したところ、ベランダに出て撮影したというのだ。

山口敏太郎の推理！

このような「アダムスキー型UFO」は今もときおり撮影されている。関西で、年配者のUFO愛好家たちが集まったイベントにも「アダムスキー型UFO」が出現している。ひょっとすると目撃する人間によってUFOは形状を変えてしまうのかもしれない。さらに不思議な偶然の一致なのだが、この写真の撮影者は、筆者の経営する株式会社山口敏太郎タートルカンパニーに所属するタレント荻野アサミのお母さんの友人であったことがのちに判明した。みょうなご縁である。

ファイルNo. 015

UFO・宇宙人 宇宙人解剖フィルム

世界中で放送された衝撃の映像
宇宙人解剖フィルム

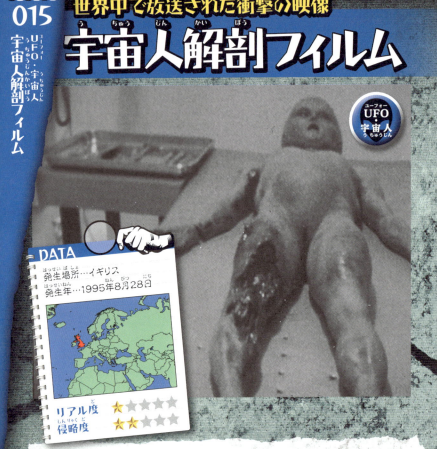

UFO・宇宙人

= DATA
発生場所…イギリス
発生年…1995年8月28日

リアル度 ★☆☆☆☆
侵略度 ★★☆☆☆

　1995年にイギリスの映像・音楽プロデューサーのレイ・サンティリから各国のメディア関係者に、ロズウェルで墜落したUFO（P20）から回収された宇宙人の解剖フィルムがあるという情報が流れた。その結果、1995年8月に世界中で公開され、大反響をよんだ。
　医学関係者が見ると胸の開き方や角まくの取り方など、エイリアンの解剖方法が非常にリアルであり、本物の可能性はあるといわれていた。しかし、2006年、イギリスの特しゅメイクの専門家ジョン・ハンフリーを中心としたアート集団がつくったものであると公表され、その信ぴょう性は地におちた。
　一説には、実際にあった解剖ビデオをもとにつくられた再現ビデオともいわれていて、元ネタとなった本物のビデオが実在するともうわさされている。真相はいまだわからないままだ。

Alien Autopsy Film

宇宙人解剖フィルムといえば、誰もがこの映像を思いうかべるほど有名で衝撃的なものだった

解剖学にのっとった手順だったことが真実味をました

日本ではフジテレビが権利を購入して1996年2月2日に放送

山口敏太郎の推理！

基本的に筆者はこの映像を信じてはいない。なお、当時この解剖ビデオを日本に輸入したテレビ番組制作会社に在籍していた小川謙治プロデューサーは、筆者のラジオ番組に登場したときに、「あのビデオはアメリカで民事裁判になった、アメリカ政府によるプルトニウム人体実験の犠牲者ではないか」という衝撃的な証言をしている。この映像はとにかく話題性が高い。

ファイルNo. 016 UFO・宇宙人 チェンニーナの宇宙人事件

女性用ストッキングをぬすんだ宇宙人
チェンニーナの宇宙人事件

Il caso di Cennina del 1954

　1954年11月1日の早朝、イタリアの田舎町チェンニーナで発生した事件である。ローザ・ロッティ・ネイ・ダイネリ婦人は、教会の墓地へ行くために、手にクツとストッキングを、もう一方の手にカーネーションの花束を持って小道を歩いていた。
　すると林の中に高さ2m、直径1mのぼうすい形（真ん中が太く、両端に向かってだんだん細くなる円柱）の物体を発見した。表面はなめし皮のようにツルツルで、丸い窓が2つと小さなドアがあり、内部に小さな座席が背中合わせに設置されていた。すると物体のうしろから身長1m程度の2人の小人が出現した。
　小人はハンサムで、頭にはヘルメットのようなものをかぶり、小さなボタンのついた灰色の上着に、マントという格好で、にこやかに身ぶり手ぶりで

32

後日、イタリアの新聞に掲載された事件の再現イラスト。
ぼうすい形の物体の表面は茶色っぽくて2mほどの高さだ

チェンニーナはイタリア中部の
トスカーナ州アレッツォ県にある田舎町だ

山口敏太郎の推理！

小人宇宙人が話していた言葉が中国語に似ていたとのことから、アジア系人物による窃盗行為ではないかという批判もある。しかし、憲兵隊はぼうすい形の物体が着陸していた場所に、そのあとと思われる大きな穴を確認している。また、午前6時半ごろ、まったくちがう場所にいた職人が葉巻型の光る物体が飛び去るのを見ている。このことから事件のすべてが主婦の妄想とはいいきれない。

話しかけてきた。その小人のうち年長と思われる人物が、彼女が持っていたストッキングの片方とカーネーションの花束をうばい取り、ぼうすい形の物体に向かって投げた。
　彼女はこわくなって逃げ出し、憲兵隊に助けを求めた。憲兵隊はすぐさま現場に急行したが、すでに物体も小人も現場から姿を消していた。ただし物体が着陸したあとは残っていた。

DATA

発生場所…イタリア
発生年…1954年11月1日

リアル度 ★★★★☆
侵略度 ★★★☆☆

ファイルNo. **017**

UFO・宇宙人
ロシア連邦大統領が宇宙人にら致

国家機密が異星にもれた可能性も!?
ロシア連邦大統領が宇宙人にら致

ロシア連邦カルムイク共和国の初代大統領、キルサン・イリュムジーノフ

　なんと現役の政治家が宇宙人によってら致された事件が発生している。2010年4月、ロシア連邦カルムイク共和国のイリュムジーノフ大統領（当時）がエイリアンによってら致されたと告白した。大統領は、親日家であり、大のチェス愛好家でもあるが、とんでもない体験をしているのだ。1997年9月18日にモスクワのアパートのベランダに、半透明のチューブ型UFOに乗ってエイリアンが現れたという。

　エイリアンは黄色い服を着ており、眠りかけていた彼をベランダに呼び、テレパシーで話しかけたのだ。しかも、運転手、大臣、補佐官という3人の目撃者もおり、話そのものにも信ぴょう性がある。なおこの発言について、連邦議員のアンドレイ・レベデフは仰天!!

　ロシア連邦のドミートリー・メドベージェフ大統領（当時）に、「国家機密

Alien Abduction

宇宙人にさそわれるがままに
イリュムジーノフ大統領は
宇宙船に乗りこんだ

DATA
発生場所…ロシア連邦カルムイク共和国
発生年…1997年9月18日

リアル度 ★★★★☆
侵略度 ★★★★★

をエイリアン側にもらった可能性がある」と文書報告した。これは現役政治家の宇宙人ら致というめずらしいケースである。

山口敏太郎の推理！

この事件に関して気になるのが、2012年12月7日にメドベージェフ大統領が「地球外生命体は地球を訪れているね。それだけじゃない。われわれ人類の中で、すでに生活している宇宙人もいる」とコメントしたことだ。「詳しくは映画の『MIB』を見てほしい」とつけくわえたので、一部のマスコミではジョークとして報道されている。しかし、ロシアのまじめなドキュメンタリー映像のほうの『MIB』を指した、真剣なメッセージだという説もある。

ファイルNo. 018 UFO・宇宙人 マンテル大尉機墜落事件

直径100mをこえる巨大UFO
マンテル大尉機墜落事件

DATA
発生場所…アメリカ合衆国
発生年…1948年1月7日

リアル度 ★☆☆☆☆
侵略度 ★★☆☆☆

　1948年1月7日、アメリカのケンタッキー州ゴドマン上空に多数の未確認飛行物体が飛来した。それらの物体はアイスクリームのコーンを逆さまにしたようなものや、だ円形をした銀色の物体という形状であったとされている。警察や市民から通報を受けたアメリカ空軍ゴドマン基地は、付近をF-51戦闘機で飛行中だったトーマス・F・マンテル大尉が率いる4機に対し、飛行物体の追跡命令を発令した。彼らが確認した飛行物体は上部が点滅している銀色の形状で、その大きさはなんと直径約100mもあった。うち3機は燃料が不足

第2次世界大戦で活躍したトーマス・F・マンテル大尉

マンテル大尉の遺体の状態にはしょ説あるが、機体の残がいのそばにあったというのが主流だ

UFO?

1機になって飛行物体の偵察を続けたマンテル大尉は、空軍の中で最高の勲章を受けていた

し基地に引き返したが、マンテル大尉はそのまま飛行物体を追尾した。当初は基地と通信していた大尉であったが、急に通信はとだえ、2時間後、マンテル機の残がいが発見された。これが、戦闘機がUFOに撃墜されたといわれているマンテル大尉機墜落事件である。

山口敏太郎の推理！

この事件に関して、筆者は懐疑的である。目撃されたUFOの正体は、海軍が極秘裏に開発していた「スカイフック気球」ではないかと指てきされている。この気球がなんらかの原因で降下。海軍の機密事項が空軍基地まで伝わっていなかったために、空軍が追跡する事態となった。そして戦闘機が急上昇中に、酸素マスクを装着していなかったマンテル大尉が、酸欠状態で失神して墜落したとするのが真相のようだ。

ファイルNo. 019 UFO・宇宙人 ヒル夫妻誘拐事件

宇宙人にら致・人体実験された夫婦
ヒル夫妻誘拐事件

ヒル夫妻はベンジャミン・サイモン医師の催眠りょう法を受ける

Betty and Barney Hill abduction

　世界では数多くの宇宙人によるら致事件が起きている。アメリカでのヒル夫妻誘拐事件もそのうちのひとつである。1961年9月19日23時ごろに事件は発生した。カナダからアメリカ・ニューハンプシャー州の自宅へ車で帰るとちゅう、ヒル夫妻は、明るく光る飛行物体を目撃した。人工衛星かなにかだと思っていたのだが、しだいに光体が接近してきていることに気がついた。

この物体に興味を持った夫妻は、車を停めて車外に出ると双眼鏡で観察していた。
　その飛行物体はヒル夫妻の近くまで来たのだが、窓から異様な姿の人々が確認できたため夫妻は逃げ出した。しかし、奇妙な音が聞こえた瞬間に気を失ってしまった。気がつくと、2時間ほど経過しており、記憶は完全に消えていて車を運転中であった。

失われていた記憶を取りもどし、見たものを説明するヒル夫妻

山口敏太郎の推理！

この事件の背景に夫妻の精神的なストレスをあげる意見もある。当時のアメリカではめずらしい、黒人の夫と白人の妻という組み合わせである。社会において奇異な目で見られた結果、夫妻に生じた過度なストレスが記憶しょうがいを生んだという説である。この意見に関して筆者は否定的である。少なくともこのようなカミングアウトをすることのほうがストレスを受けるはずであり、夫妻がみずからバッシングを受けるであろう「宇宙人ら致」という体験を公表したのは、やはりなんらかの事件があったのではないだろうか。

ヒル夫妻の体験は、ドラマで再現されて話題となった

夫のバーニーの証言を元に再現された宇宙人の顔

その後、ヒル夫妻は逆行催眠を受け、失われた記憶を取りもどした。宇宙人によってUFOの中にら致され、奇妙な実験を受けたことを思いだしたのだ。この事件はアメリカ中で大変な反響を巻きおこした。

DATA
発生場所…アメリカ合衆国
発生年…1961年9月19日

リアル度 ★★★★☆
侵略度 ★★★★★

ファイルNo. **020**
UFO・宇宙人 高知けら事件

中学生が小型UFOを捕獲した!?
高知けら事件

UFO・宇宙人

DATA
発生場所…日本（高知県）
発生年…1972年8月25日

リアル度 ★★★★☆
侵略度 ★★★☆☆

山口敏太郎の推理！

目撃者の中に手品が得意な少年がいたためマジックではないか、工場で作られた灰皿ではないかなどの疑問が出ている。しかし、目撃者たちは今も証言を変えず、かなり細かい話をしているので、実際になんらかの事件があった可能性は高い。

　これは、小型UFOの捕獲というめずらしい事件である。1972年8月25日の夕方ごろに高知県高知市介良地区で発生した。白く発光するハンドボールサイズの小型UFOが、地上から1mほどの高さでういているのを中学生が目撃した。後日、ふたたび目撃した中学生たちは、ブロックを投げつけ攻撃を行った。その後、地面に落下したUFOを調査のために家に持ち帰り、分解などを試みたができなかった。
　このUFOを写真にとろうとしてもなぜかシャッターが下りない。撮影できてもフィルムが真っ黒になるなどして、結局ピンボケの写真1枚が残されるのみであった。

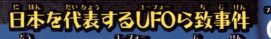

日本を代表するUFOら致事件
北海道のUFO事件

ファイルNo. 021
北海道のUFO事件
UFO・宇宙人

- UFO・宇宙人
- DATA
- 発生場所…日本（北海道）
- 発生年…1974年4月6日
- リアル度 ★★★★★
- 侵略度 ★★★★☆

JSPS（日本宇宙現象研究会）の会誌『未確認飛行物体』号外版（1974年7月発行）にて、荒井欣一氏（日本空飛ぶ円盤研究会会長）がレポートし、大きな話題をよんだ事件がFさんのUFOら致事件である。

1974年4月6日午前3時に北海道北見市仁頃で、Fさんは自宅のドアを叩く音で目を覚まし、外に出ると身長1mほどの小人が立っていた。近所の畑の上には直径8m、高さ1.5mほどのUFOがいて、FさんはUFO内部に吸いあげられ、宇宙人とのコンタクトが始まった。このあとからFさんは、スプーン曲げや、宇宙人とテレパシー通信ができるようになったと証言している。

山口敏太郎の推理！

もちろん、Fさんの体験には批判もあるが、客観的に目撃している第三者も存在する。Fさんの近所にすむ女子中学生は、同じころに巨大なUFOを目撃。また、Fさんが宇宙人にら致されたときに捜索した、捜索隊一行はFさんを発見する直前に、上下左右に飛行するUFOを目撃している。

ファイルNo. 022 UFO・宇宙人

ニューヨークやメキシコに飛来したUFO編隊
UFOクリート事件

最近注目を集めている「UFOクリート」とは、日本語に訳すと"UFO編隊"となる。世界各地でおきている不可解な現象であり、数十機から数百機のUFOが急に飛来するのだ。特徴的なのは、この「UFOクリート」事件では数十人から数百人が同時に目撃しており、携帯電話などで撮影されている点である。具体的な場所をあげると、日本（横浜、新宿）、アメリカ（ニューヨーク）、メキシコ（メキシコシティ）、グアテマラの上空に「UFOクリート」が飛来しているのだ。2004年6月1日にメキシコシティ上空をジャックし、2008年にはニューヨーク上空をおおいつくした。

山口敏太郎の推理！

「UFOクリート」はバルーンのたぐいではないかという批判を聞く。2013年にテレビ朝日上空に飛来したUFOは筆者も目撃したが、まったくちがう。バルーンは風で全体が同じ方向に流れるが、この場合、それぞれがバラバラの動きをしていた。

DATA
発生場所…アメリカ・メキシコ・日本など
発生年…2004年〜

リアル度 ★★★★☆
侵略度　 ★★★★☆

軍が公式に発表した未確認飛行物体
メキシコ空軍UFO事件

ファイルNo. 023
メキシコ空軍UFO事件
UFO・宇宙人

UFO・宇宙人

映像にはUFOの姿とともに、混乱するパイロットの声もおさめられている

DATA
発生場所…メキシコ
発生年…2004年3月5日

リアル度 ★☆☆☆☆
侵略度 ★★☆☆☆

　メキシコ・カンペチェ州南部の上空でUFOが撮影されたことがある。2004年にメキシコ空軍のパイロットが飛行中に11機のUFOを撮影し、軍が正式にUFOとして公表したという事件だ。
　撮影したのは偵察機に搭載されていた赤外線カメラで、レーダーはこのうちの3機を確認している。軍用機が撮影したUFOとして、真相解明のためにUFO研究家に協力をあおぎ、メディアにも公表するなど、国が積極的に動いたのだった。
　高度3500mの上空から赤いあやしい物体がたしかに確認できる。その映像は世界中に広がり、軍部が正式に公表したUFO映像として認識され、世界中で話題となった。

山口敏太郎の推理！

　この事件には、オチがある。この11個の謎の光はじつは停止しており、よく観察すると動いているのは飛行機と雲だけであった。真相は海上に設置された石油採掘所のエントツの炎がUFOとして認識されたのだ。もちろん、エントツの数も11本ある。

ファイルNo. **024**

UFO・宇宙人
宇宙人の母親を持つイギリス議員

身長2.7mで緑色の肌をした宇宙人
宇宙人の母親を持つイギリス議員

UFO・宇宙人

DATA
発生場所…イギリス
発生年…2012年

リアル度 ★★☆☆☆
侵略度 ★★★☆☆

2012年に、「自分の母親が宇宙人だ」と発言をしたのはイギリスの議員、サイモン・パーカーズであった。当時、ウィットビー地区で初当選したばかりの新人議員である。彼が初めて、グリーンエイリアンにあったのは、生後8ヵ月のときで、突然抱き上げられたという。身長2.7m、指は8本、体色はグリーンで、手首から先はピンクであった。オーソドックスなタコ型エイリアンのような顔で、鼻の穴は小さく、唇はうすかったらしい。

山口敏太郎の推理！

正直、筆者はこの告白に懐疑的な意見を持っている。自分の母親が怪物であるという心理的な妄想は誰しも幼少時に持つものである。彼の場合は、議員に当選したという達成感とともに、その妄想が心の奥底からわき上がったのではないだろうか。語る姿はいたって冷静で、議員の仕事には問題ないようだ。

誰が打ち上げたのかも不明、謎の人工衛星
ブラックナイト

ファイルNo. **025**
ブラックナイト
UFO・宇宙人

1988年、国際宇宙ステーション計画の飛行ミッション「STS-88」でブラックナイトは撮影された

1万3000年前から地球上空を飛んでいる人工衛星があるとしたら、どう思うだろうか？　この謎の人工衛星は「黒騎士の衛星」とよばれており、1950年代後半からその存在はうわさされ、1960年に初めて写真撮影に成功した。人類初の人工衛星は、ソ連（当時）が打ち上げたスプートニク1号で、それは1957年のできごとであった。

ぶきみなことだが、この「黒騎士の衛星」は、ソ連もアメリカも、どの国も打ち上げていないという点である。アメリカは当初、ソ連のスパイ衛星だと思いこみ、警戒していた。

DATA
発生場所…宇宙
発生年…1万3000年前

リアル度　★★★★★
侵略度　★★★☆☆

山口敏太郎の推理！

「黒騎士の衛星」に関して興味深い情報がある。1957年7月26日に実施されたアメリカの地下核実験は、想定をこえる破壊力があり、地上のシャフトの上部にあった金属製のマンホールのフタが秒速60kmで宇宙空間に飛び出してしまった。そう、そのマンホールのフタは今も地球の周りをまわっているのだ。

ファイルNo. 026 UFO・宇宙人 キャトル・ミューティレーション

家畜の血や体液が抜き取られる怪奇現象
キャトル・ミューティレーション

「キャトル・ミューティレーション」とは、牛や馬などが血や体液を抜き取られ、何者かによって殺害されている事件のことを指す。この牛馬の遺体には、まるでレーザーメスかなにかで切り取ったような痕跡があり、宇宙人によるものだとうわさされてきた。宇宙人が「キャトル・ミューティレーション」を行う目的は牛馬から栄養分を採取し、エネルギーにしているのだといわれているが、実際のところ発生原因は不明である。

山口敏太郎の推理！
筆者の故郷である四国の徳島県には、夜間、牛馬に忍びよって吸血行為により殺害する「牛打ち坊」という魔物の伝承がある。おそわれた牛馬には牙のあとが残される。この「キャトル・ミューティレーション」は昔からある怪奇現象かもしれない。

DATA
発生場所…おもにアメリカ合衆国
発生年…1960年代前半〜

リアル度 ★★★★☆
侵略度 ★★★★★

ファイルNo. 027

マヤ文明の大予言と関連が!?
ミステリーサークル

UFO・宇宙人

アメリカの超常現象研究家は、2012年問題とミステリーサークル（海外ではクロップサークルとよぶ）の関連性について言及している。2012年問題はマヤの暦が、2012年までしかないことから生まれた人類滅亡論だが、見事にはずれてしまった（もっともマヤ暦そのものは循環していく暦なので滅亡思想などはない）。だが地球上に出現しているミステリーサークルのデザインが、マヤの暦やマヤ文明の意匠とそっくりなのだ。マヤ文明とミステリーサークルは関連があるのだろうか。

DATA
発生場所…おもにイギリス
発生年…1980年代～
リアル度 ★★★★★
侵略度 ★★☆☆☆

山口敏太郎の推理！

ミステリーサークルができるメカニズムに関しては、人間によるイタズラや風による偶然、アカミミガメによる食害などが考えられるが、それだけでは説明できない高度なデザインがあるのも事実だ。やはり、知的生命体が関与しているのだろうか。

ファイルNo.028 歴史的な事件の現場に現れる…
八ヶ岳のUFO

2014年9月27日、御嶽山が噴火した。この御嶽山が噴火するまさに直前、未確認飛行物体が目撃されていたのだ。シンガーの水木ノアさんが友人の運転で中央道を車で走行中、八ヶ岳の上空に奇妙な物体がうかんでいるのを発見した。形状は銀色の球形で真ん中にぐるりとふち取りのある「土星型のUFO」で、太陽の光を反射して輝いていたという。その物体は2～3分、上空でほぼ停止しているように見えたが、そのうち消滅してしまった。

山口敏太郎の推理！

このような災害時に未確認飛行物体が目撃されることは多々ある。筆者がかねてより唱えている「宇宙人タイムトラベラー説」をとるならば、歴史的な事件の現場に出没することはありうる。噴火の犠牲者の魂がいやされることを心からお祈りしたい。

DATA
発生場所…日本（山梨県、長野県）
発生年…2014年9月27日

リアル度 ★★★★☆
侵略度 ★☆☆☆☆

山口敏太郎の極秘ファイル①

人類と宇宙人の異なる時間感覚

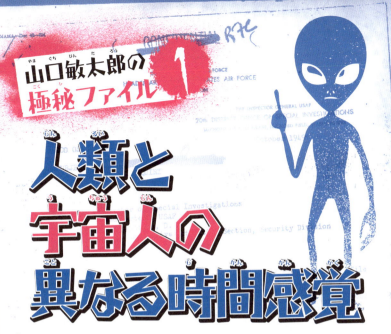

UFOを語るときに、否定論者たちによく見られる反論に以下のようなものがある。「UFOが世界でさわがれるようになってから何十年もたつのに、いまだに宇宙人はわれわれ人類の前に姿を現さない。これこそ、まさにUFOや宇宙人がいない証拠ではないか」。

だが、これは大きなまちがいである。数十年という期間は、あくまでわれわれ人類の価値観である。その地球人的感覚で解しゃくしても真相は見えてこない。そもそも、宇宙人は寿命が数百年から数千年といわれており、70年や80年の寿命しか持たない人類とはちがう。

また、UFOを使って時間も空間も軽々と飛びこえて地球にやってきているとされていることからも、われわれ人類とは時間の感覚がちがうのだ。

つまり、われわれ人類があるプロジェクトにおいて、5ヵ年計画や10ヵ年計画などを立てて、数年の単位で動いているようなもので、彼ら宇宙人は100年、200年の期間で、地球との接しょくプロジェクトを動かしていると

したらどうだろうか。人類が数年でプロジェクトをなしとげるのと同じ感覚で、彼ら宇宙人は数十年、数百年単位でプロジェクトを進めるとしたらどうだろう。

UFOがひんぱんに目撃されるようになった第2次世界大戦中から、せいぜい70年前後である。ようやく、宇宙人がその重い腰をあげたとしたら、今まであまり姿を現さなかったのも、ここ数年UFOクリート（P42）という船隊がひんぱんに撮影されるようになった現状も、理解できるのではないだろうか。いよいよ、宇宙人による"地球人への接しょくプロジェクト"がスタートしたと解しゃくすることは可能だ。

以前から筆者が主張している、「宇宙人＝未来人、UFO＝タイムマシン」説をとるならば、過去の歴史に関わってはいけない宇宙人＝未来人は、人類の前からかくれるように行動するだろうし、UFOがきていることもかくすだろう。「宇宙人＝タイムトラベラー」説をとるならば、歴史を変えてはいけないルールに従って秘密の行動をとっている可能性はありうる。

第2章

遺跡・オーパーツ

遺跡【いせき】

古代の人々がつくり、今も残っている場所や物が遺跡だ。その土地に住んでいた昔の人々がどんな生活をして、どんな文化を持っていたのかがわかる。人類の知恵がつまっている。

オーパーツ【おーぱーつ】

Out Of Place Artifactsからの造語。日本語に訳すと、場違いな人工物。遺跡などから発掘されたが、その時代にはありえない技術力で作られているもの。解明されていないものも多い。

ファイルNo. 029

遺跡・オーパーツ

失われた大陸たち
ムー、アトランティス、レムリア

遺跡
オーパーツ

　かつて、地球上にはいくつかの"失われた大陸"があったといわれている。なかでも「ムー大陸」「アトランティス大陸」「レムリア大陸」はミステリーマニアの間でも三大大陸とよばれるほど人気がある。
　「ムー大陸」はジェームズ・チャーチワードが世に広めた大陸である。チャーチワードは、イギリス軍人だったころ、1868年にインドに駐留していた。ある寺院の僧りょに、絵文字のあるねんど板を見せられ、かつて太平洋に失われた大陸があったことを知ったという。その後、チャーチワードは、『失われたムー大陸』を出版し、世界にこの大陸の話を広めていく。
　兵庫県太子町にある斑鳩寺には、聖徳太子ゆかりの不思議な宝物が残されている。地中石というソフトボールぐらいの大きさの地球儀なのだが、そ

52

1986年、沖縄県の与那国島付近の海底でも人工的に見える巨石群が発見された。遺跡なのだろうか？

Legend of the continent

大洪水に飲まれ、一夜にしてかつて栄えた文明は消えてしまったのだろうか。謎は深まるばかりである

の表面に当時は発見されていない南北アメリカ大陸や南極大陸がえがかれていた。そして太平洋の中央には、「ムー大陸」らしき3つの陸地が刻まれているのだ。やはり、「ムー大陸」はあったのだろうか。

また、「アトランティス大陸」は、古代ギリシャの哲学者プラトンが著書『ティマイオス』や『クリティアス』に記したことで、その存在が知られてい

DATA

発生場所…不明
発生年…不明

謎度　★★★★★
技術レベル　★★★★★

ファイルNo. 029
ムー、アトランティス、レムリア
遺跡・オーパーツ

る。この文明は強大な軍事力を持っていたが、ゼウスの怒りにふれてしまい一夜にして海中にしずんでしまったという。

最近ではグーグルアースや衛星を使った地図アプリで太平洋の海底にある都市の遺跡が発見されており、たびたび話題になるが、まだムー大陸やアトランティス大陸は発見されていない。

また、ムー大陸やアトランティス大陸に比べればネームバリューはおとるが、イギリスの動物学者フィリップ・スクレーターにより、仮説が唱えられたのが「レムリア大陸」である。

これはアフリカ中部と東南アジアのマレー半島やインドネシアにのみ生息する動物が数多くいることから、かつてインド洋に巨大な島があったのではないかという推論から生まれている。また、地層が似ているともいわれる。

山口敏太郎の推理！

　これら幻の大陸や幻の島の伝説は世界各地に残る。いずれも滅亡のモデルになった津波や洪水があったのは事実のようだが、実際には小さい島であった可能性が高い。聖徳太子の地球儀に至っては、江戸時代中期に作成され斑鳩寺におさめられた説が濃厚であり、『和漢三才図会』の編集者、寺島良安が作製したという説が有力である。だが作者がなぜムー大陸を知っていたのかは不明である。

1699年に出版された大西洋にうかぶアトランティス大陸を想像した地図。
大西洋説と地中海説が代表的だ

海の奥深く、どこかに文明のあとが残っている…？

ファイルNo. 030
遺跡・オーパーツ
歩き出したモアイ像

目的も正体も不明のまま
歩き出したモアイ像

遺跡

A Modi statue

　エジプトのピラミッド（P60）と並び、世界の七不思議のひとつに数えられるのが、イースター島のモアイである。チリ領に属するイースター島は、太平洋にある火山島で、正式名称は「パスクア島」という。

　モアイは、イースター島にある人面が刻まれた石造彫刻のことであり、日本でも渋谷駅前や宮崎県の観光地に、これをかたどった像が設置されている。

　ちなみにモアイという言葉の意味は、「モ」は未来を、「アイ」は生きることを意味している。つまり、「未来を生きる」というポジティブなメッセージがこめられている。

　現在、モアイたちは海に面した高台に設置されているが、もともとは海に背を向けて住民たちのエリアを取り囲むように設置されていたと推測されている。現在建っているモアイたちは、

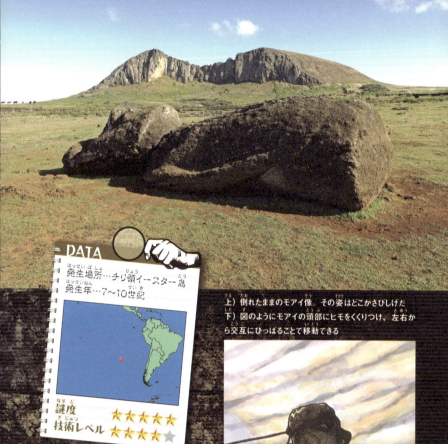

DATA

発生場所…チリ領イースター島
発生年…7～10世紀

謎度 ★★★★★
技術レベル ★★★★☆

上）倒れたままのモアイ像。その姿はどこかさびしげだ
下）図のようにモアイの頭部にヒモをくくりつけ、左右から交互にひっぱることで移動できる

1956年以降に再設置されたものである。もともとは半壊状態で倒れたまま残されていたという。

モアイの背中には不思議なペトログリフや文様が刻まれているが、この文言は判読されていない。イースター島には19世紀に発見されたロンゴロンゴという文字が残されている。この文字自体、現在も解読されていないが、イースター島の歴史や神話が刻まれて

ファイルNo. 030

遺跡・オーパーツ

歩き出したモアイ像

いる可能性が高い。
　また、モアイの周辺からはマグロの骨も出土しており、モアイに海産物がささげられていた、あるいはモアイの建設作業員に海産物が報しゅうとして与えられていたのかという議論がかわされている。一部のオカルト研究家は、モアイ像はUFO着陸の目印だったとか、アトランティス大陸（P52）の生き残りが作った遺跡といった説を唱えた。

　現在、ポリネシアン・トライアングル（ハワイ、ニュージーランド、イースター島から構成されるポリネシアン文化圏）は、パワースポット的なあつかいを受けており、世界中から観光客が集まっている。
　伝説によると「モアイは自ら動いた」といわれているのだが、モアイが自ら動くとはどういう事だろうか。
　モアイの重さは平均的なもので20ト

左）モアイ像の製造所は「ラノ・ララク」といわれている
上・右）みずからの重さでななめにかたむいているものや、頭以外がうまっているモアイ像もある

Easter Island

ン、大きなものになると90トンもある。移動は困難をきわめる。モアイの頭に縄をつけ、左右から交互に引っ張って、テコの原理を利用して動かすと20人ほどで動かすことができる。この様子がまるで歩いているようなのだ。
　日本人エンジニアの長井鉄也が考えたモアイの自走システムは、モアイ自体の重さを使った仕組みであり、画期的なアイデアであった。

山口敏太郎の推理！

　ロンゴロンゴが読めない今、住民たちに残されている伝承にヒントがないか期待されるが、イースター島に古くから伝わる鳥人信仰やモアイの製造方法は口伝でも残されていない。それは無理もない。もともといた住民たちは、ヨーロッパ人が持ちこんだ伝染病でほぼ全滅してしまい、今いる住民たちはのちに移住した人々の子孫なのだから。

59

ファイルNo. 031

遺跡・オーパーツ
ピラミッド、スフィンクス

謎だらけの巨大建造物
ピラミッド、スフィンクス

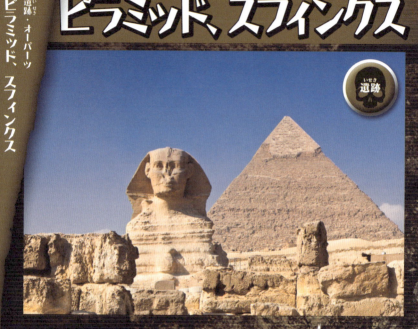

遺跡

Pyramid & Sphinx

ピラミッドはヨーロッパに視察に行った幕末の武士たちが記念撮影したほど、古くから日本人に親しまれてきた。王の墓であり、その魂が天にのぼる階段としての役割があるといわれているが、機能や建造方法は完全には解明されていない。そもそも、王の墓ではなく気象や暦の観測所であるとか、古代エジプト人たちはもともとあった遺跡を利用しただけだという説もある。

ピラミッドには北面に入り口があり、玄室に至る道や「重力分散の間」とよばれる用途不明の空間があり、未発見のかくし通路やかくし部屋があるといわれている。3大ピラミッドとよばれるクフ王、カフラー王、メンカウラー王のピラミッドは、オリオン座の三ツ星を意味しているともいわれている。

スフィンクスは、人間の頭部にライオンのどう体を持つ伝説の怪物を表現

60

上）「ピラミッド」の語源は三角形のパンを指すギリシャ語「ピラミス」

右上）ギザの3大ピラミッド。左からメンカウラー、カフラー、クフの墓となっている

右）頭部以外は一枚岩でつくられている、ギザの大スフィンクス

DATA

発生場所…エジプト
発生年…紀元前27世紀

謎度 ★★★★☆
技術レベル ★★★★★

したといわれているが、この建造物はさらに不可解である。スフィンクスの本体に、水による侵食の痕跡があることが判明し、かつてエジプトが緑におおわれていた時代、紀元前7000年から5000年くらい前のものだという仮説がでてきたのだ。

山口敏太郎の推理！

火星には「スフィンクスの顔」といわれる岩が存在する。ピラミッドは南極やバミューダトライアングル（P88）の海底にもあるといわれ、火星にもあるとうわさされている。ひょっとすると火星の古代文明と地球の古代文明は、同じ知的生命体がつくった可能性もありうる。

ファイルNo.

032

遺跡・オーパーツ
ツタンカーメンの墓

発掘関係者が次々と死亡する

ツタンカーメンの墓

ツタンカーメンの内臓を
おさめていた小型のひつぎ

遺跡

DATA

発生場所…エジプト
発生年…紀元前14世紀

謎度 ★★★★★
技術レベル ★★★★☆

　古代エジプトのツタンカーメン王は、推定19歳で埋葬されたという悲劇の青年王である。
　遺体には大きな外傷が存在したことなどから、かつては事故死説が有力だったが、現在では政権争いによる他殺説が優勢になっている。
　このツタンカーメンのミイラに関しては、発掘のスポンサーであるカーナヴォン卿をはじめ、発掘関係者が次々に死亡するという事件が起き、ファラオの呪いとして永くおそれられてきた。
　また、ツタンカーメンのミイラのそばには胎児のミイラが2体あり、巨大な目と異常に長い指、とがった頭部をしていて、グレイ型エイリアンではないかともうわさされていた。
　2010年2月17日付のアメリカの医学誌『ジャーナル・オブ・ジ・アメリカン・メディカル・アソシエーション』に

上）玄室にはツタンカーメンのミイラが置かれ、壁画がえがかれている
右上）ツタンカーメンのミイラの顔。これをもとに顔の再現模型もつくられている
右）ツタンカーメン王墓を発掘したハワード・カーター

は、ツタンカーメンのミイラと胎児のミイラのDNA鑑定の結果が掲載されている。それによるとツタンカーメンは遺伝的な病気を持っていた病弱な王だった。そして、骨折とマラリアの悪化で亡くなったことが確定し、宇宙人といわれた胎児もツタンカーメンの実の子供であることが判明した。

非業の死をとげたツタンカーメンだから生まれた逸話なのかもしれない。

山口敏太郎の推理！

1922年にイギリス人考古学者ハワード・カーターにより発掘され、その関係者が計22人、次々に変死しているが、これは発掘後数十年の間であり、それぐらいの期間があれば中高年で構成された発掘団の多くが死ぬのは当然のこと。カーターも亡くなったのは64歳だ。

ファイルNo. 033 遺跡・オーパーツ 都塚古墳

日本式のピラミッドが発見される
都塚古墳

(想像図)

　奈良県明日香村にある6世紀後半に造られたと推測されている「都塚古墳」は、1967年に本格的な発掘調査が行われ、土器や鉄製品が出土している。現在では、埋葬施設の石室内部が見学者に公開されており、家の形をした石のひつぎが安置されている。

　2014年に入り、明日香村教育委員会と関西大学の合同調査チームが、古墳の上をおおっていた土を発掘した結果、石を階段状に積み上げたピラミッドのような古墳であることが判明した。発掘結果によると、東西約41m、南北約42mの大きさで、石が階段状に積み上げられており、その段数は6段以上あることがわかった。

　なお、誰が埋葬されたかについては判明していない。だが、中国吉林省から朝鮮半島にかけて（6世紀当時の高句麗の勢力範囲）点在する王族や貴族

四角い「方墳」で、階段のように石を積み重ねた姿はピラミッドのような

DATA
発生場所…日本(奈良県)
発生年…6世紀後半

謎度 ★★★★☆
技術レベル ★★☆☆☆

山口敏太郎の推理!

「日本にはピラミッドは存在しない」。否定論者たちは常にそう主張してきたが、今回の発見は考古学に基づく学術調査の結果であり、否定のしようがない。持論がひっくり返されることは起こりうるので、そのときには柔軟な思考で新たな情報を取り入れたいものである。

の墓と推測される古墳の中に、似た形式のものが確認されており、高麗人の女性を妻にしていた蘇我稲目が有力候補であるという説も唱えられている。

ファイルNo. 034
遺跡・オーパーツ
ナスカの地上絵

ちみつにえがかれた超巨大なイラスト
ナスカの地上絵

山の斜面にえがかれたフクロウ男とも
宇宙飛行士ともいわれる地上絵

遺跡

DATA
発生場所…ペルー
発生年…紀元前500年〜

謎度 ★☆☆☆☆
技術レベル ★★★★★

Lines and Geoglyphs of Nasca

　ナスカの地上絵は、ペルー南海岸部に分布する遺跡である。動物の地上絵が有名であり、全長100m以上もある。これだけ巨大な地上絵は上空からしか認識できないと誤解され、当時の人類の力では作りえない「オーパーツ」だといわれたことがあった。しかし、学術的な調査によって、全体像は目視できなくても周囲を歩けば地上絵の絵がらは認識できることが明らかになった。

　2012年に山形大学の研究グループがナスカ台地南部で地上調査中に、未発見の地上絵を2点発見している。新発見の地上絵は、紀元前400年〜紀元前200年ごろのものと推測され、人間の姿をえがいている。そのうちの1点は頭と体が分断された状態で、大きさは数メートルサイズだという。また、貴重な発見は続いており、2013年と2014年に、家畜リャマなどの動物をかた

山口敏太郎の推理!

日本版ナスカの地上絵とよばれているのが「銭形」である。これは江戸時代の通貨・寛永通宝の巨大砂絵であり、殿様を楽しませるために江戸時代に家臣や庶民たちによって造られたといわれている。香川県観音寺市には、今も観光の目玉として「銭形」が残されている。

ファイルNo.035 銭形

香川県観音寺市にある琴弾公園から見た銭形

上)ひと筆書きのハチドリは全長100m近い
右上)コンドルが羽ばたいている姿がよくわかる
右)2012年に発見された人間の姿の地上絵のイメージ図

どった地上絵を40点以上を発見した。ながらく保存されてきた地上絵だが、遺跡の付近まで住宅地が拡大しており、今後、地上絵が破かいされる可能性も指てきされている。

人間と恐竜はかつて共存していた？
カンボジアのステゴサウルス

ファイルNo. 036
遺跡・オーパーツ
カンボジアのステゴサウルス

遺跡・オーパーツ

今から1000年ほど前に建設されたと推測される、カンボジアのアンコールワット遺跡の横に「タ・プローム」の壁がある。そこに刻まれた不可解な彫刻が近年、オーパーツの中でも人気だ。

そこに彫られた動物の姿は、どこからどう見てもステゴサウルスにそっくりなのだ。恐竜は6500万年前にほろびたとされている。だが、人類のそばに生存していたというのであろうか。ある説によると、地中から発見されたステゴサウルスの化石から想像して、彫刻にしたとされているが、クメール王朝時代（9〜15世紀）にそんな考古学的な発想があったとも思えない。

このような、人類と恐竜が共存していたという証拠はいくつか指てきされている。メキシコの「恐竜土偶」などはその代表的な事例だが、偽造という批判もある。しかし、当時では考えら

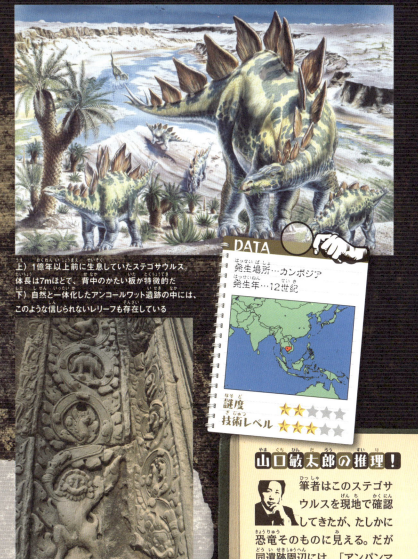

上）1億年以上前に生息していたステゴサウルス。体長は7mほどで、背中のかたい板が特徴的だ
下）自然と一体化したアンコールワット遺跡の中には、このような信じられないレリーフも存在している

DATA
発生場所…カンボジア
発生年…12世紀

謎度 ★★☆☆☆
技術レベル ★★★☆☆

れなかった"体毛のある恐竜"が作られており、まんざら偽造ともいいきれない部分もある。

山口敏太郎の推理！

筆者はこのステゴサウルスを現地で確認してきたが、たしかに恐竜そのものに見える。だが同遺跡周辺には、「アンパンマン」に似た文様や、唇の厚さが日本のタレントに似た仏像もあり、それらをふまえれば、サイの彫刻が偶然似てしまったと解釈するのが妥当かもしれない。

ファイルNo. 037 巨人たちの国

アマゾンにあった密林古代文明
巨人たちの国

DATA
- 発生場所…ボリビア
- 発生年…6世紀後半
- 謎度 ★★★★☆
- 技術レベル ★★★★☆

Giant of the Amazon

　かつてボリビア共和国ベニ県、つまりアマゾンの密林地帯に古代文明「モホス」が存在していたことが判明した。紀元前1000年ごろからこの文明は栄えたとされるが、ほろびたのは10世紀から12世紀ごろだと推測されている。

　この文明の特徴は、アマゾンという秘境の自然をいかしたハイテクでエコな社会形態であり、最盛期はなんと100万人の人口をほこっていたというのだ。ロマという居住スペースとみられる小さな丘が無数に点在し、それを結ぶテラプレンという直線道路が大規模に通っている。しかも、そのテラプレンの横には運河をめぐらし、2000以上の養しょく用の人造湖と農地を持っていたのだ。また、雨期にアマゾン川の水位が上昇しても、ロマとテラプレンは水にしずまないように設計されているのだ。

山口敏太郎の推理！

結局、モホス文明発祥の時期ははっきりとしないのだが、エジプト文明と同時期か、それ以前からあったと推測され、世界四大文明を世界五大文明とよばなければならない事態になるかもしれない。アマゾンに古代文明などないだろうという思いこみは禁物である。

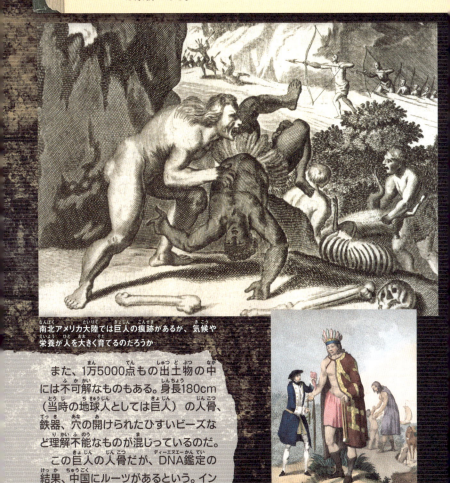

南北アメリカ大陸では巨人の痕跡があるが、気候や栄養が人を大きく育てるのだろうか

また、1万5000点もの出土物の中には不可解なものもある。身長180cm（当時の地球人としては巨人）の人骨、鉄器、穴の開けられたひすいビーズなど理解不能なものが混じっているのだ。
この巨人の人骨だが、DNA鑑定の結果、中国にルーツがあるという。インカと縄文人の関連が指てきされるようにアジアと南米の交流はかなり古くからあるようだ。

大航海時代、ヨーロッパ人によって巨人の存在が認識される

ファイルNo.038 謎多きイギリスの宗教的建造物

ストーンヘンジ

遺跡・オーパーツ ストーンヘンジ

自然のなかに立つストーンヘンジは神秘的なたたずまいだ

Stonehenge

　イギリスの代表的な遺跡といえば、ソールズベリーの「ストーンヘンジ」である。その用途は天文観測や暦の計算、あるいは宗教的儀礼だったとされているが、真相はまだまだ謎に包まれている。

　まさに『ハリーポッター』に代表されるイギリスの魔法文化のルーツともいえるが、今、イギリスで注目されているのが、オークニー諸島で発掘された石器時代の儀式用建造物群「ネス・オブ・ブロッガー遺跡」である。

　「ストーンヘンジ」より古い時代の遺跡である可能性が浮上しているのだ。巨大な壁に囲まれた広大なエリアに配置された100近い建造群で構成されており、放射性炭素年代測定によると紀元前3200年までさかのぼれるといわれている。

　低い土塁の壁や土器の様式から「ス

エーブベリー

ファイルNo. 039

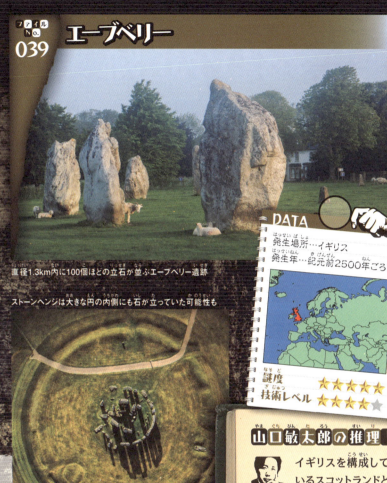

直径1.3km内に100個ほどの立石が並ぶエーブベリー遺跡

ストーンヘンジは大きな円の内側にも石が立っていた可能性も

DATA

発生場所…イギリス
発生年…紀元前2500年ごろ

謎度 ★★★★★
技術レベル ★★★★☆

トーンヘンジ」や「エーブベリー」の原型ではないかと推測されている。遺跡内部には儀式を行った"神聖な空間"が確認されており、東西南北に設置された石の食器棚が4つ発見されている。

山口敏太郎の推理！

イギリスを構成しているスコットランドとイングランドはまったく文化圏がちがう。シャーロック・ホームズに代表されるイングランドに比べ、魔法や妖精伝説が多く、「ネッシー」や古代遺跡がある不思議な文化圏がスコットランドなのだ。ある意味、魔法伝承の多いケルト文化の後継者といえよう。

ファイルNo. 040
遺跡・オーパーツ
サマイパタ遺跡

古代、人間と宇宙人は交信していた？
サマイパタ遺跡

El Fuerte de Samaii

遺跡

1998年に世界遺産登録されたサマイパタ遺跡はボリビアの古代遺跡で、世界中から多くの観光客が集まってくるパワースポットである。

ボリビアのサンタ・クルス県に位置し、オリエンタル山脈の標高1950mという高所にある遺跡であり、ボリビア版「マチュピチュ」という異名もとっている。「サマイパタの砦」ともよばれるが、それは見晴らしがよく、敵から攻められても守りやすいことから、砦ともいわれるようになった。

この遺跡には不思議な彫刻が多数刻まれており、宇宙との交信場だったとか、宗教儀式の聖地だったとかわさされているが定かではない。岩肌には人間の顔をはじめ、ジャガー、ヘビ、ピューマ、運河、階段などの絵が刻まれている。作家のエーリッヒ・フォン・デニケンは、この遺跡こそが、「空飛ぶ

上）古代の人達は空をあおぎ、宇宙人と交信していたのだろうか
右上）砦といわれるだけあり見晴らしはよいが、軍事施設ではないようだ
右下）文明の跡を感じるものの、つくった先住民族は特定されていない

PATA

DATA
発生場所…ボリビア
発生年…不明

謎度　★★★★★
技術レベル　★★★☆☆

円盤の発着場であり、宇宙人が飛来した場所」だと主張した。たしかに岩肌にはヘリコプターの着陸ポイントのような大きな円が刻まれているが、はたしてそうであろうか。

山口敏太郎の推理！

「サマイパタ遺跡」は、アマゾンの巨人たちが築いたとされる「モホス文明」と関係があるとも推測されており、南米に数多く派生した文明都市のひとつの頂点のような町であった可能性が高い。宇宙人の関与の可能性はないともいえないが、古代の人類のすぐれた知恵で十分構築できる文明である。

ファイルNo. 041 遺跡・オーパーツ

伝説上の存在が発見された!?
ノアの方舟

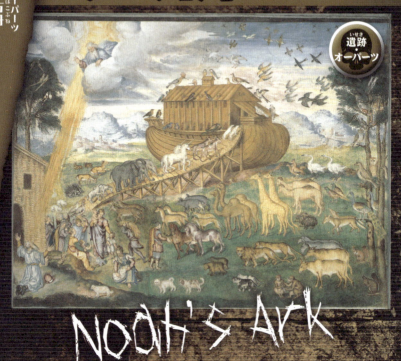

Noah's Ark

「ノアの方舟伝説」は、長年、人類に親しまれてきた話である。ある日、神に選ばれたノアは、夢で「人類をほろぼす大洪水がやってくる」という神のお告げを聞く。さっそく、ノアは巨大な方舟を作り、家族と動物を乗せ、押し寄せた大洪水を乗りきり、人類の始祖になるというそう大な話である。

これは単なる伝説だといわれてきたが、実際にノアの方舟の残がいらしきものも発見されている。旧約聖書によるとノアの方舟はトルコ・アララト山に流れついたとされている。1949年にアララト山中にて細かい樹脂で作られた、紀元前の船の残がいが発見されているのだ。前述の残がいと同一かどうか不明だが、2010年にもノアの方舟の残がいらしきものが発見されている。不思議なことに部屋の間取りも伝説にぴったり一致しているのだ。

山口敏太郎の推理！

山中に船の残がいがあってもなんの不思議もない。山まで達する津波や洪水は過去に何度もあり、かつて山間部だったエリアが海岸になることも多々ある。また、大洪水を船で乗りきった人々は多数いただろうし、アララト山の残がいがノアの方舟とは断定できない。また当時の船は似たような間取りであった。

上）方舟に乗らなかった生物は洪水によって死に絶えた
右上）方舟からハトを放って地上の様子を見るノアの姿
右）オス・メス1匹ずつ乗せられたさまざまな動物たち

DATA
発生場所…不明
発生年…紀元前2370年（推定）

謎度　★★★★☆
技術レベル　★☆☆☆☆

ファイルNo. 042
古代ギリシャでつくられたコンピューター
アンティキティラ島の機械

遺跡・オーパーツ
アンティキティラ島の機械

オーパーツ

別名「世界最古のコンピューター」と称されているオーパーツ。古代ギリシャ時代につくられた非常に精こうな機械部品だ。

発見されたアンティキティラ島は地中海にうかぶギリシャの島で、紀元前4世紀から紀元前1世紀くらいまで海賊たちの拠点となっていた。ちなみに2001年の調査では、島民は44人しかいない。

この奇妙な物体は紀元前1世紀ごろに島付近で沈ぼつした船から、1901年に回収された。発掘当初、その使用目的は不明であったが、2006年秋に行なわれた国際プロジェクトによって解明された。

天体の運行を計算するためにつくられた歯車式機械であるらしく、3つの文字盤を中心に30もの歯車から構成されている。この機械により、地球や太

アテネ国立考古学博物館に展示されている「アンティキティラ島の機械」

DATA
発生場所…ギリシャ
発生年…紀元前150年ごろ

謎度 ★☆☆☆☆
技術レベル ★★★★★

陽の運行ルートがかなり正確に計算できる。前面の針は日付や太陽と月の位置を表示し、うるう年を調整する機能もあった。ほかには火星や水星を意味する文字も刻まれていた。

このように複雑な構造を持つ装置は、アンティキティラ島の機械がつくられてから1000年ほどたってやっと出てきたことから、古代ギリシャ文明の天文学と数学がいかに発達していたかがわかる。

山口敏太郎の推理！

2008年、国際研究プロジェクト「アンティキティラ島の機械研究プロジェクト」というチームが、3Dスキャン技術を使って、この機械を分析した。その結果、今まで読めなかった盤面の文字解読を実現。すると古代オリンピックの開催年などを計算する機能を持っていたという。

ファイルNo. 043 解読不能の奇妙な古文書
ヴォイニッチ手稿

遺跡・オーパーツ
ヴォイニッチ手稿

　1912年にイタリアの修道院で発見されたといわれる古文書である。古物商のウィルフリド・ヴォイニッチが見つけたことから「ヴォイニッチ手稿」とよばれている。
　この文書は羊皮紙でつくられ、230ページから成り立っている。暗号ともいえる未知の文字で記されており、地球上のどの言語ともちがうため、だれも解読に成功していない。

　また、謎の植物、女性、占星図といった象徴的な絵が多数えがかれていて、占星術や錬金術の奥儀のようなものが記されているのではないかといわれている。
　かつてはヴォイニッチの偽造文書ではないかといわれていたが、材質の分析から、製作された年代は14世紀から16世紀ころであり、古文書であるのは事実のようだ。

文字は解読できないため、その文字列に規則性があるのかはあいまいである。しかし、なんらかの規則にのっとっていることは見てとれる

DATA

発生場所…イタリア
発生年…1912年（発見）

謎度 ★★★★★
技術レベル ★☆☆☆☆

なかには100種類をこえる植物が詳細にかかれているが、それがなんなのかははっきりしていない。ほかにも天体や女性の絵がかかれている

ときおり、インターネットには同文書を解読できると豪語する者が出ぼつするが、明確な内容のものはまだない。
2011年にイギリスのタブロイド紙『デイリー・メール』の記事に「ヴォイニッチ手稿」を解読した男が出ていたが、音節はスペイン語とイタリア語を組み合わせ、バビロニアのある地域の方言を加えてつくった人工言語だという説を披露していた。

山口敏太郎の推理！

最近になって、この「ヴォイニッチ手稿」はこの世界の文書ではなく、「異世界」の言語で書かれたものだという説が広まっている。われわれの住む時間軸とはちがう時間軸や、この世界とは少しだけちがうパラレルワールドなど、それらの異世界の言語で書かれた文書だというのだ。

ファイルNo. 044

遺跡・オーパーツ クリスタル・スカル

工具を使わずにつくったら300年かかるという
クリスタル・スカル

オーパーツ

Crystal Skull

「クリスタル・スカル」こと「水晶ドクロ」は、世界中に全部で13個あり、すべてが1ヵ所に集まると「マヤの秘宝の扉が開く」とか「宇宙のコンピューターが作動する」という伝説がある。ドクロ自体は、解剖学的にみても精巧につくられており、機械ぼりがない時代に未知の技術で加工されたと伝えられている。13個のうち最強のドクロは、「ヘッジス・スカル」である。

写真は大英博物館にある、アステカの遺跡から発掘されたブリティッシュ・スカルだ。13個の水晶ドクロのなかでも美しさは1番だといわれている。

山口敏太郎の推理！

2008年に公開された映画『インディ・ジョーンズ クリスタル・スカルの王国』は、この伝説がモデルである。いくつか確認されているスカルのうち1個が、フランスでの展示にあたり鑑定に出されたが、18世紀にドイツでつくられた偽造品だと判明した。

DATA

発生場所…ベリーズ（ヘッジス・スカル）
発生年…不明

謎度 ★☆☆☆☆
技術レベル ★★★★☆

1500年以上、風雨にさらされてきた金属
さびない鉄柱

ファイルNo. 045
さびない鉄柱
遺跡・オーパーツ

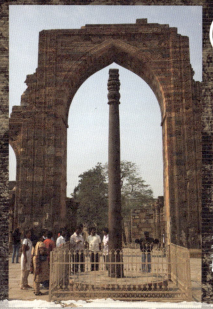

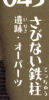
オーパーツ

DATA
発生場所…インド
発生年…415年ごろ

謎度 ★★★☆☆
技術レベル ★★★★☆

インドのデリー郊外の世界遺産「クトゥブ・ミナール」に、よく世界の七不思議企画などで取り上げられる「さびない鉄柱」がある。この鉄柱は直径44cm、高さ7mであり、99.72％の高純度鉄でつくられている。別名『アショーカ王の柱』ともよばれているが、アショーカ王とは時代が700年ほどちがう。柱にはサンスクリット語による碑文が確認でき、1500年たっても「さびない鉄柱」として古来より注目されてきた。この柱は地中深くささり、ヘビの王ヴァースキの首をつらぬいているという伝説も残されている。

山口敏太郎 の推理！

この鉄柱は「錬鉄」とよばれる種類の鉄でつくられている。「錬鉄」は加熱しながらきたえており、さびにくいのは事実だ。日本刀もこのたぐいであるが、さびにくいだけであって、手入れをしないと、数十年でさびてしまう。この鉄柱にふくまれるリンという不純物の存在が、さびにくくさせていると推測される。

ファイルNo. 046

遺跡・オーパーツ コスタリカの石球

現代の技術でもつくるのがむずかしい真球
コスタリカの石球

オーパーツ

Stone spheres of Costa Rica

「コスタリカの石球」とは、1930年代の初め、コスタリカの密林で発見された石球で、現在までに200個以上が見つかっている。小さいものは2cmから、大きいものになると2mにもなる。どれもほぼ真球になっており、当時の技術でつくるのは、不可能ではないかといわれている。製造年代から推測するとディキス石器文明の人々が製作者だと思えるが、その使用目的や製造方法は謎のままである。

山口敏太郎の推理！

コスタリカの考古学者フランシスコ・コラレス・ウヨア博士は、当時の技術でも十分に製造が可能だと言明した。また、手作業でつくることは不可能といわれ続けていたにもかかわらず、おどろくことに日本の石職人が再現に成功している。

DATA
発生場所…コスタリカ
発生年…300～800年ごろ

謎度 ★★★☆☆
技術レベル ★★☆☆☆

84

3600年前につくられた天文盤
ネブラディスク

ファイルNo. 047

ネブラディスク 遺跡・オーパーツ

オーパーツ

　ドイツ中央部、ザーレラント地方のネブラという町の郊外にあるミッテルベルク先史時代保護区にて1999年に発掘された。ドイツで最も古い天文盤といわれ、約3600年前につくられたと推測されている。もとはイギリスでつくられ、ドイツに持ちこまれたとの説もある。ちなみに地名のネボとは、"天"を意味しており、そのような場所で、青銅の表面に大小いくつかの金がはられた不思議な天文盤が発掘されたのはただの偶然だろうか。

DATA
発生場所…ドイツ
発生年…紀元前1600年ごろ

謎度 ★★★☆☆
技術レベル ★★★★☆

山口敏太郎の推理！
　表面にある三日月と、その上に密集する7つの星の集まりは「プレアデス星団」を表しているといわれている。夏至と冬至の際、どこから太陽が昇り、どこに太陽がしずむのかが、測定できる装置である。頭上にかかげて空を見るようにして使うらしい。

85

山口敏太郎の極秘ファイル 2

説明のつかないオーパーツ

遺跡やオーパーツの中には、説明がつくものとつかないものがある。例えば、「黄金ジェット」という現代人のわれわれが見る限り、スペースシャトルに見えてしまうオーパーツがあるが、あれはナマズの一種を表現したものである。

つまり、生物のフォルムとは神がつくった究極のデザインであり、機械や乗り物を理想の形に整えていくと、どうしても生物の形に似てしまうのだ。だから、生物の形をまねてつくった古代の造形物は、現代の乗り物の形と似ている。

また、同じような生物の機能性についてだが、われわれ人類と宇宙人の姿が似ているのは偶然ではない。生物が進化し高度な知的生命体になるとしたら、2つの目、鼻、口、2つの耳、2本の手、2本の足という形に落ち着いてしまうからだ。

コロンビアで発見された「黄金ジェット」

第3章

怪事件

怪事件【かいじけん】

この人間社会では、さまざまな「事件」が起き続けている。なかでも原因などが不明で解決できないもの、そもそも起きたこと自体が不思議なものを「怪事件」という。

ファイルNo. 048 怪事件

異次元へと消えてしまう飛行機と船
バミューダトライアングル

怪事件

Bermuda Triangle

DATA
- 発生場所…大西洋
- 発生年…1840年ごろ〜

怪奇度 ★★★★★
衝撃度 ★★★★☆

　アメリカのフロリダ半島の先端、大西洋のプエルトリコ、バミューダ諸島を結ぶ三角の海域は、かつて昭和のころ、飛行機や船が消えてしまう『魔の三角地帯（バミューダトライアングル）』とよばれていた。100をこえる船や飛行機と、その乗員が1000人以上行方不明になって、世界中からおそれられてきた。

　船や飛行機が消える原因は「四次元に消えてしまったのだ!!」とか「宇宙人にさらわれたのだ!!」とか、過じょうな表現が当時の子供たちを震かんさせた。消えた船や飛行機の乗組員や乗客は、四次元を永遠にさまよっているとか、宇宙人の星に連れて行かれたのではないかとうわさされ、昭和を代表す

Ship disappearances

Plane disappearances

USA

BERMUDA

PUERTO RICO

上）アメリカのフロリダ半島、カリブ海に浮かぶプエルトリコ、北大西洋にあるイギリスの海外領土バミューダ島を結ぶ三角地帯。この海域で消えた飛行機や船を示した地図
右）バミューダトライアングルを示す地図

るミステリースポットであった。
　実際は、それほど事故事例が多いわけでもなく、ほかの海域より少し多い程度であったようだ。現代ではその消えた理由は、ハリケーンやエンジントラブル、操縦ミスなどが原因の遭難であったと推測されているが、まだ完全に謎が解明されたわけではない。

Var det berykdade, av mystik omgivna Sargassohavet ligger, kan man se på denna karta; pilen utpekar det. Som man finner, ligger det ungefär mitti Atlantiska havet och mittemellan Afrika, Nordamerika och Sydamerika.

ファイルNo. 048 怪事件
バミューダトライアングル

　ほかの原因としては、海底の地すべりにともなって埋蔵されていたメタンが暴発し、海上の船、航空機に災害を起こしたという「マイクロバースト説」もある。さらには、藻が船のスクリューにからまったという「藻大量発生説」もある。
　現在、バミューダトライアングルに藻が大量に発生しているのは事実であり、その藻が、増え続ける地球の二酸化炭素を酸素に変えてくれる現象が起きている。つまり、かつておそれられたバミューダトライアングルだが、今や人類を地球温暖化から救ってくれているのだ。
　最近ではこんな"トンデモ説"も出てきている。2012年にアメリカとフランスの探検グループのレーダー探査により、バミューダトライアングルの水深

上）海底には沈んだ船の残がいがある
左）さまざまな難事件を解決したオランダの超能力者、ジェラール・クロワゼ（右）もバミューダトライアングルの謎にせまった
下）巨大な渦に巻きこまれたという説もあった

600m（3000mという説もある）の海底に、表面が水晶のようにみえる「クリスタル・ピラミッド」があることが判明したというのだ。
　なんとこの海底ピラミッドがなんらかの作用をおよぼして、バミューダトライアングルの事故を引きおこしたというのだ。これはいくらなんでも飛躍しすぎている。

山口敏太郎の推理！

海底ピラミッドとは夢のある話だが、この手のウワサは、海底探査業者が沈ぼつ船を引き上げるためにそれらしい話を持ち出すことが多い。通常の沈ぼつ船調査では資金がスポンサーからなかなか集まらないため、「海底にアトランティスの遺跡があった」「海底にUFOが沈んでいた」という目を引くプロモーションを展開することがあるのだ。

ファイルNo.049 怪事件
"地球空洞説"を裏づける英雄の証言
バード少将が目撃した地下帝国

DATA
発生場所…北極点
発生年…1947年

怪奇度 ★★★☆☆
衝撃度 ★★★★★

昔から「地球内部は空洞である」という説がある。大部分が昔話や民話、小説のたぐいであったりするのだが、なかには事実として語られている話もある。アメリカの英雄で、探検家かつ軍人のリチャード・バード少将が地底王国を見たことがあるという。

この逸話は作家のレイモンド・バーナードが、『空洞地球——史上最大の地理学的発見』にて明らかにした。

ハイジャンプ作戦の一環として、アラスカ基地を飛び立ったリチャード・バード少将と同乗した部下は信じられないものを目撃した。

飛行計画はすべて順調に進み、北極点に差しかかって、そろそろUターン

海軍少将であり探検家のリチャード・バードはアメリカの国民的英雄だった

Richard Evelyn Byrd

地球の中は空洞で、そこに地上とは別の世界があるという説は昔から支持されている

Underground empire

しょうかという時、機体はうすいピンク色の霧に包まれた。機体の高度が下がりはじめ霧が晴れたあと、眼下にはジャングルが広がり、マンモスの親子が確認できた。この時撮影された映像や少将の証言は軍部が機密としてかくしてしまったという。
地底王国に関連したこんな話もある。

ファイルNo. 049
怪事件
バード少将が目撃した地下帝国

バード少将は初の航空機による北極点到達を成功させ、南極点上空の飛行も成しとげた

アメリカの作家、エマーソンは、ノルウェー人の漁師オラフ・ヤンセンという老人から聞いた奇妙な話を、1908年に小説『ザ・スモーキー・ゴッド』としてまとめて発表している。オラフ・ヤンセンと父親は、1829年に小さな漁船で航海に出たのだが、暴風雨に巻きこまれ、けむりがかった赤い太陽（＝スモーキー・ゴッド）を神とあがめる地下世界に迷いこんでしまう。

ヤンセン親子は、その世界で身長が約4mもある巨人たちと出会う。基本、巨人たちは彼ら父子に親切で、進んだ文明生活を送っており、平均寿命は800歳に達するというのだ。聖書にえがかれたエデンの園のモデルと思える

上）バード少将はマンモスが歩いているのを見かけたそうだ
左）地底人たちはバード少将に自分たちが築いた文明を見せた

「エデン」という町に案内され地下世界の王にえっ見する。
　数年滞在し、もとの世界にかえるとき、多くの金塊をもらったが、帰路で父は死亡し金塊も沈ぼつ。自分も狂人扱いされ、死ぬ時に出会った作家ウイリス・ジョージ・エマーソンに体験を語ったというのが、あらすじである。

山口敏太郎の推理！

地底王国というと荒唐無稽のような印象を受ける。地球は中身のつまった球体ではなく、巨大な地底王国があるという説はあるが論理的ではない。地底には異世界や異次元への入り口があると判断したほうがまだ合理的なような気がする。世界各地には地底王国の話があり、興味はつきない。

ファイルNo. 050 怪事件 サンジェルマン伯爵

時代をまたいで目撃される不老不死の男
サンジェルマン伯爵

怪事件

サンジェルマン伯爵の最初の記録は1710年だが、その40年後にも同じくらいの中年の姿だったという

　18世紀にヨーロッパの社交場で活やくしたサンジェルマン伯爵は、当時から年れい不詳で、300歳とも2000歳とも、はては4000歳ともいわれており、不老不死伝説で有名だ。
　1710年ごろ、社交場で名前が知られるようになったが、冒険家であり、作曲家であり、神智学のマスターでもあった。一部の研究家は秘密結社「イルミナティ」のリーダーだったとも、薔薇十字団やフリーメイソンなどの会員だったとも主張している。
　博学で知られた伯爵は、英語、フランス語、ギリシア語、イタリア語、オランダ語、ラテン語、サンスクリット語、アラビア語、中国語を自在にあやつった。また、音楽や催眠術、科学、宝石にも造けいが深く、ダイヤモンドの傷を

DATA
発生場所…ヨーロッパ
発生年…18世紀

怪奇度 ★★★★★
衝撃度 ★★★☆☆

山口敏太郎の推理！

彼の正体には、諸説ある。タイムマシンなどを使って歴史を旅するタイムトラベラーとも、不老不死の妙薬を開発した優秀な錬金術師ともいわれているが正体はわからない。また、多くの人物がそれぞれの時代で、歴代「サンジェルマン伯爵」という同じ名前を受けついできた複数なりすまし説なども唱えられている。

サンジェルマン伯爵は実験室を持ち、金やダイヤモンドをつくりだしたと伝えられている。すぐれた錬金術師だったようだ

消す秘法を知っており、ルイ15世のダイヤモンドの傷を直したという。
　また、不老不死伝説の根拠として、普通の食事をせず丸薬とパンと麦しか食べなかった。シバの女王やソロモン王とも会った話を語り、当時から社交界で怪人とよばれていた。はたして彼は本当に不老不死の超人であったのだろうか。

フランス国王、ルイ15世はサンジェルマン伯爵と親しくしていた

ファイルNo. 051 怪事件 メキシコの人形島

メキシコの海にうかぶもっともぶきみな島
メキシコの人形島

怪事件

La Isla de la Munecas

DATA
発生場所…メキシコ
発生年…1949年

怪奇度 ★★★★★
衝撃度 ★★☆☆☆

メキシコの首都であるメキシコシティの南方にあるソチミルコ。同所には「人形島」とよばれる島がある。アステカ帝国時代には、いけにえの心臓をえぐっていた場所であり、死者の魂が集まる場所といわれている。

また、この島は、木々に1000体の人形がつるされている状態で、ぶきみな雰囲気をかもしだしている。この島を「人形島」にしたのは、ドン・ジュリアン・サンタナという男であった。

きっかけとなる事件は1949年に発生した。湖でボート遊びをしていた少女が湖に落下してでき死した。その後、

この島には建物の内外を問わず、人形がつるされている。逸話をしらなくても十分にぶきみだ

サンタナは少女の幽霊を目撃する。恐怖にとらわれたサンタナは少女の供養と、先住民の呪いを封印するため、島中に人形をつるし始めたという。だが、サンタナの最後はひさんであった。少女が死亡した場所で、2001年にできた死体で発見された。サンタナは人形供養の効果もなく、少女の幽霊に呪い殺されてしまったのであろうか。

山口敏太郎の推理！

人形を使った儀式が世界中にある。例えば、わが国の習慣である「てるてる坊主」などはその代表的なものである。これはヒトガタの「てるてる坊主」に天気になれと願いをこめているのだ。また、「呪いのワラ人形」も同様である。これはヒトガタに呪いをこめているわけだ。ほかにも子供の成長を祈る「五月人形」など、人形やヒトガタを使った願掛けや結界は多数確認されている。

ファイルNo. 052
メアリー・セレスト号の怪異 怪事件

無人状態で発見された船
メアリー・セレスト号の怪異

怪事件

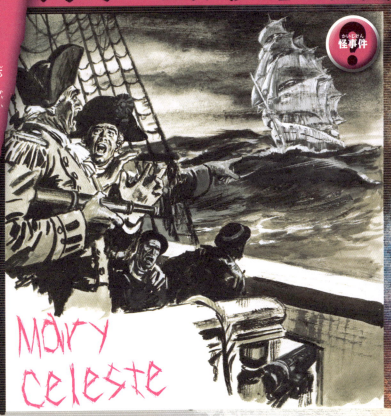

Mary Celeste

　1872年、ポルトガル沖にて不可解な事件が確認された。漂流しているメアリー・セレスト号が発見されたものの、乗員が誰ひとり乗っていなかったのだ。船内には食べかけのまだ温かい食事が残されているなど、まるでついさっきまで人間が乗船していたかのような痕跡が残っているにもかかわらず、乗組員をふくめ乗客全員が消失していたのだ。

　海賊におそわれて人間だけ連れ去られたのではないか、船内で反乱事件が起こった影響で人々が船を置き去りにしなければならなかったのではないかなど、原因が推測されたが、その真相はわからなかった。

DATA

発生場所…ポルトガル
発生年…1872年12月4日

怪奇度 ★★★★★
衝撃度 ★★★★☆

上）誰も乗っていないメアリー・セレスト号の航海の様子。
船の状態は良好だったとの記録が残っている
左）故意に船を捨てたような形跡があるものの、何かが
起きて乗員が逃げたにしてはおかしな点が多いのだ

船内の物品に荒らされた様子も、何者かにおそわれた形跡もなく、救命ボートもすべてそのまま残っていたのがミステリーに拍車をかけている。これが航海史上最大の謎とされているメアリー・セレスト号の怪異である。

山口敏太郎の推理！

2007年4月、オーストラリアのタウンズビル沖でこの事件と似た怪異が起きている。ヨット「KAZ II」が漂流しているところを発見された。そこには電源がつきっぱなしのコンピューター、食卓に並べられたまま手のつけられていない食事など、まるでメアリー・セレスト号の怪異と同様の光景が広がっており、ヨット内にいたはずの3人の乗員の姿も見あたらなかった。

ファイルNo.053 北海道の泣く木

泣き声を立てる不吉な木

怪事件

夕張川のほとりに立つ「泣く木」の下には30をこえる遺体が埋まっているといううわさもある

　怪奇伝説は各地にあるが、北海道では「泣く木」の伝説が有名である。夕張郡栗山町にある栗山駅方面から国道234号を南下すると、不自然なカーブがある。これは「たたり」のあるニレの木をさけるためであるという。深夜すすり泣く木だというのだ。

　この木は地元でも有名であり「栗山町史」にさえ登場している。1890年、道路工事をする囚人たちがこのあたりで作業をしていた。大変きびしい労働条件で多くの囚人が死亡し、死体は道ばたに埋葬された。当初、木の泣き声は、その囚人たちの怨霊の泣き声ともいわれた。しかし、よく聞くと女性の声で泣いているように聞こえるのでこんな伝説も語られはじめた。

　かつてこの工事現場につれてこられた娘がいた。ひどいあつかいを受け、絶望して木で首をつった女性の怨念がそこにとどまり、木が泣くように聞こえるのだと……。

「泣く木跡」と書かれた石碑。ちなみに木はハルニレで、樹齢は300年ほどである

国道のほうを向いているお地蔵様。ここでは交通事故も多発したのだとか

DATA
発生場所…日本（北海道）
発生年…1970年

怪奇度 ★★★★★
衝撃度 ★☆☆☆☆

山口敏太郎の推理！

呪い伝説はじつはたくさんある。切られた木を風呂や食事のまきに使った家では体調をくずす者が続出した。ほかにも泣く木のたたりで馬が2頭即死したとか、この木の付近でコンクリートがなぜか固まらずおはらいをしたとか、あるいは車のエンジンが泣く木の前で急に停止したとか、ある研究家が「泣く木の講演」をする朝に金しばりにあったとか。呪いはいまだ増しょく中なのだ。

とにかくこの木を切ろうとすると、なぜか死者が出るので誰も手をつけず道がカーブした状態で完成したという。
1970年、ある流れ者の男が、酒の席でこの木の伝説を聞いて「昭和の時代に、そんな馬鹿なことがあるわけない」と笑った。そして地元の者が止めるにもかかわらず、チェーンソーで「泣く木」を切ってしまったのだ。その後、木を切った男は行方不明とも、死亡したともいわれている。

ファイルNo. 054 怪事件 シンクホール

行方不明者を出した謎の巨大な穴
シンクホール

怪事件

2007年2月23日、グアテマラの住宅街にポッカリと空いたシンクホール

sinkhole

DATA
発生場所…世界各地
発生年…不明

怪奇度 ★★☆☆☆
衝撃度 ★★★★★

　突如、口をあけた巨大なシンクホール（かんぼつした穴）に飲みこまれ、命を落としてしまうおそろしい事件がある。CNNの報道によると、2013年2月28日の深夜に、アメリカのフロリダ州ブランドンにて、一般住宅の真下にシンクホールが出現。寝室で寝ていた36歳の男性がそのまま穴に落ちて行方不明になった。

　シンクホールとは、地下水や石油ガスをぬくことで発生する現象であり、地下資源・海底資源の採掘が続くフロリダではまれにあることらしい。落下した男性の兄弟が救出を試みたが、シンクホールは、たちまち約30mに拡大、なすすべがなかったという。通報を受けて現場に急行した救急隊は、拡大し続けるホールのへりにいた男性の兄弟を救出しただけにとどまり、落下した男性の捜索は断念せざるをえなかった。

上)南米のギアナ高地にできた巨大なシンクホール
左下)穴はどこでできるのかわからないため、人間が飲みこまれてしまう事故が起きた
右下)急に発生したシンクホールによってこわれてしまった家

山口敏太郎の推理!

このようなぶきみな穴は、最近ではロシアのシベリアでよく見られるらしい。こちらは天然ガスの流失によってできた空洞が、大きなシンクホールになったと解しゃくされている。手ぬき工事や、地下水がかれて道路がかんぼつしてしまうなど、怪奇な穴事件が世界各地で確認されている。

ファイルNo. 055 怪事件 コティングリー妖精事件

「妖精は存在した！」イギリスをさわがせた写真

コティングリー妖精事件

Cottingley Fairies

筆者が主催する『山口敏太郎の妖怪博物館』には、妖精の写真が展示されている。だが、これは欧米のアーティストが再現したものであり、残念ながら本物ではない。

本物の妖精がはっきりと撮影されたとして、1920年代にイギリス中を騒然とさせたのが、「コティングリー妖精事件」である。

これは、コティングリー村に住む2人の美しいいとこ同士が妖精といるところを数枚撮影したものであり、かのシャーロック・ホームズ・シリーズで有名な作家のアーサー・コナン・ドイルも「本物の妖精写真である」と信じこんでしまったことでも知られている。

写真を見ると、チョウのような羽を持つ小さい女性がいとことたわむれたり、おどったりする様子が合計5枚撮影されており、いかにも伝説に出てくるような妖精らしい姿をしている。当時のイギリスでも幼い少女たちがニセモノをつくるとも思えず「妖精は実在したのか！」と大反響をよんだ。

本物だと断言したのがこの写真だ

空中を舞う妖精の姿

DATA
発生場所…イギリス
発生年…1920年代

怪奇度 ★☆☆☆☆
衝撃度 ★★★★★

上・右）少女と妖精は楽しそうにたわむれている

山口敏太郎の推理!

約50年後、いとこのうちのひとりが「絵本から切りぬいた絵をはりつけたねつ造写真だった」とカミングアウトした。だが、自分たち2人が妖精を見たことは事実であり、撮影した5枚のうち1枚は本物であると断言していた。こうなるとなにが真実なのかわからない。謎は深まるばかりだ。

ファイルNo. 056 怪事件

自分とまったく同じ存在と出会う……
ドッペルゲンガー

怪事件

ドッペルゲンガーとはドイツ語で「二重の」を意味する「ドッペル」、「歩く人」を意味する「ゲンガー」を合成したもの

　自分とまったく同じ姿をした分身。その分身が自分の目の前に出現したり、複数の場所に姿を現す現象があるという。これを「ドッペルゲンガー」とよぶ。歴史上の有名人も多数この怪現象にあっており、リンカーン大統領、ゲーテ、芥川龍之介なども生前に「ドッペルゲンガー」を見たとされている。これは日本でも古くからある現象であり、「影の病」とよんでひどくおそれたという。
　このように、自分がもうひとりの自分を見てしまう現象は、自己像の幻視という現象でもあり、精神的な病気の可能性もありうる。一般的に「ドッペルゲンガー」現象に遭遇するとその人は死んでしまうといわれており、"死の

もし、あなたが町なかで自分そっくりの存在を見つけてしまったら……

Doppelganger

DATA

発生場所…世界各地
発生年…19世紀〜

怪奇度 ★★★★☆
衝撃度 ★★★☆☆

"前兆"という解しゃくもある。「ドッペルゲンガー」は、全身像もあるが、頭部だけやうしろ姿、上半身だけという事例も多い。なかにはモノトーンであったり、ペラペラのうすい存在で、立体感がない事例も報告されている。

山口敏太郎の推理！

フランスの文豪モーパッサンが「ドッペルゲンガー」に遭遇した事例は、真相にいたるヒントがあるかもしれない。1889年のある夜のこと、モーパッサンは部屋の中に入ってきたもうひとりの自分に会った。そのもうひとりの自分は、執筆中であった『われらの心』の文章の続きをしゃべり始め、モーパッサンは見事書き上げることができたという。これらのことから判断すると「ドッペルゲンガー」とは人の深層心理なのではないだろうか。

ファイルNo. 057 過去から現れた飛行機

30年前の飛行機と上空で遭遇

怪事件

ウォールは「なぜこんな古い機体か?」と疑問に思ったらしい

DATA
- 発生場所…アメリカ合衆国
- 発生年…1960年1月25日
- 怪奇度 ★★★★☆
- 衝撃度 ★★★★☆

Time Traveler

1960年1月25日、アメリカのオハイオ州上空をセスナ機で飛行していたジョン・ウォールは、木製の翼を持つ古いレアード式複葉機と遭遇した。

レアード式複葉機はセスナ機にニアミスしたが、ウォールはセスナ機を急せん回させ、正面衝突は回避された。このとき、双方の翼が接しょくし傷が残ることになった。

数カ月後。ウォールはオハイオ州ロークレス村で、30年前のレアード式複葉機が発見されたニュースを聞き、その飛行機を見にでかけた。おどろくべきことに、そこにはウォールが危機一髪で衝突を回避した機体が保管されてあり、翼には衝突したあともあった。レ

上）古い型の飛行機はウォールが操縦する飛行機へと向かってきた
左）謎の機体はおそらく1930年型の、主翼が2枚ある複葉機と思われる

アード式複葉機に残されていた飛行日誌には、1932年1月25日に、奇妙な金属製の飛行機とニアミスした記録が残されていた。レアード式複葉機に残されていたあとからはウォールのセスナの金属が検出され、ぶきみなことにインクの分析から、日誌も1930年代のものだと測定された。

山口敏太郎の推理！

「タイムトラベル」「タイムリープ」「タイムスリップ」には、それぞれ異なる定義がある。「タイムトラベル」はドラえもんのようにタイムマシンなどの機械を使って時間旅行をすること、「タイムスリップ」は偶然起こった事故で時間をこえてしまうこと。「タイムリープ」とは魂や精神のみが時空をこえることである。

ファイルNo. 058 怪事件 人体発火現象

火の気がないのに人間が急に燃え出した！
人体発火現象

Spontaneous Human Combustion

怪事件

　人間の体が急に炎に包まれ、周囲の人間が見守るなか、あっという間に焼き死んでしまう怪奇現象。その理由や原因は不明とされている。たいてい、友人や知人の見ている前で、体に火がつき手や足の一部を残し焼失してしまうことが多い。

　また、遺体のまわりには原因となる火の気がいっさいなく、周囲の物はまったく燃えずに、人間の体のみ焼けてしまうのが特徴である。

　この現象に関して原因はさまざまな推理がなされている。空気中に放電されている電気によって発火したとか、服の素材がなんらかの理由で発火したとかいわれてきたが、これでは周囲の物が焼けていない理由が説明できなかった。

　この現象は近年でも起こっている。2013年にインド南部のタミルナド州にて、生後3カ月の赤ちゃん・ラフル君が4回も自然発火し、やけどするという事態が起きている。なんと初めて発火したのは生後9日目である。

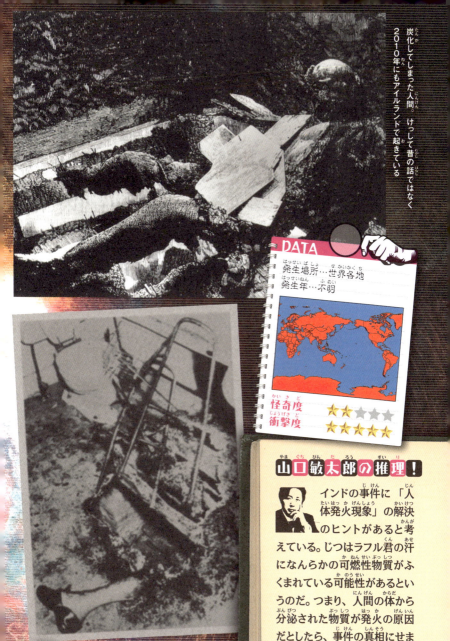

炭化してしまった人間 けっして昔の話ではなく
2010年にもアイルランドで起きている

DATA
発生場所…世界各地
発生年…不明

怪奇度 ★★☆☆☆
衝撃度 ★★★★★

女性らしきクツをはいた足だけが残されている

山口敏太郎の推理！

インドの事件に「人体発火現象」の解決のヒントがあると考えている。じつはラフル君の汗になんらかの可燃性物質がふくまれている可能性があるというのだ。つまり、人間の体から分泌された物質が発火の原因だとしたら、事件の真相にせまれるのではないだろうか。

ファイルNo.059 怪事件 ファフロツキーズ現象

世界中で「謎の雨」が降ってくる
ファフロツキーズ現象

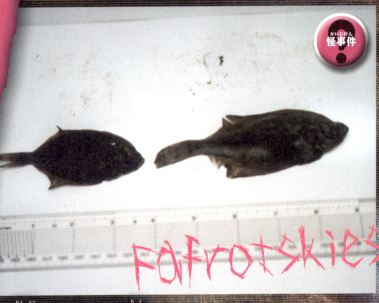

1984年5月、ロンドンのイースト・ハム地区に降ってきた魚を記録したもの

　2009年ごろに話題になったのが北陸地方でたびたび起こった「オタマジャクシが空から降る」という怪奇現象。これは「ファフロツキーズ現象」という。これはオタマジャクシだけではなく、魚や道具、くだものなどさまざまなものが降ってくる。とにかく、常識ではありえないものが降ってくる現象である。

　北陸の事件の真相は謎のままだったが、その原因としては水中の生物をたつまきやつむじ風が巻き上げ、空中から巻き散らしたとも、世間を騒がした愉快犯がイタズラで散乱させたともいわれた。

　2012年6月29日には北海道で同様の事件が発生している。旭川市旭岡の住宅敷地内で、ドジョウのような小魚約80匹が散らばっているのが見つかったのだ。住民は「空から降ってきたにちがいない」と語っている。

　この事象は、江戸時代にもあった。『和漢三才図会』には怪雨の記述がある。当時から、日本の空からは意味不明なものが落下していたのだ。

上）1355年のファフロツキーズ現象の記録がこのイラストだ
下）カエルが降ってきた19世紀の絵が残っている

山口敏太郎の推理！

この現象に筆者はいささかかかわり合いをもったことがある。2013年愛知県犬山市にある某武家屋敷で「山口敏太郎の怪奇・不思議コレクション展」を開催した。開催して数日後、庭に一匹の魚が落下してきたのだ。ツメあとがあったことから、猛禽類のタカかワシによるものであろう。さまざまな原因によって、上空から生き物が降ってくるのがよくわかった。

DATA
発生場所…世界各地
発生年…不明

怪奇度 ★★★☆☆
衝撃度 ★★★☆☆

イギリスのウェールズのとある村でも空から魚が降ってきた

ファイルNo.060 怪事件

ベルサイユ宮殿の風景がどこかおかしい
タイムトラベルした2人の女性

DATA
発生場所…フランス
発生年…1901年8月10日

怪奇度 ★★★☆☆
衝撃度 ★☆☆☆☆

山口敏太郎の推理！

イギリスに帰国後、なんともいえない気持ちになった2人はこの体験をもとに当時の状況を調べたところ、やはり過去のベルサイユ宮殿に迷いこんだのではないかという意見になった。この事件に関しては、2人の妄想に過ぎないという批判もあるが、ディティールの細かさから、まったくの妄想とはいえない。

1901年8月10日の16時ごろに奇妙な事件は起こった。2人のイギリス人女性が観光目的でベルサイユ宮殿を訪問したとき、庭園を通って小トリアノン宮殿に向かうと、奇妙な違和感を覚えた。時代がかった服装の人物やマリー・アントワネット、その時代の宮殿関係者と遭遇していたのだ。2人は偽名でこの体験を書き、出版してベストセラーになった。

イギリスの博物館で起きたエジプトの呪い
動き出すオシリス像

ファイルNo. 061 動き出すオシリス像怪事件

怪事件

イギリスのマンチェスター博物館でガラスケースに入れられて動くはずのない4000年前の古代エジプトのオシリスの石像が動き、「ファラオの呪い（P62）ではないか？」と博物館の関係者が恐怖にふるえる事件が発生した。

これは高さ約25cmのオシリス神の石像で、背中には死者へのいのりとして、ビールとパン、動物のいけにえを求める言葉が刻まれており、この言葉からも「ファラオの呪い説」が広がったのだ。

DATA

発生場所…イギリス
発生年…2013年

怪奇度 ★★☆☆☆
衝撃度 ★★★☆☆

山口敏太郎の推理！

この石像の前に監視カメラを1週間設置した。昼間のみ石像は動いて、1週間で360度回転してしまった。じつは、前の道をバスが走ったり、近くでサッカーの試合があったときや、来客があったときに動いていた。どうやらそのときの振動で動いていたらしい。

ファイルNo. 062
ディアトロフ峠事件

ロシアのスキーヤー9人が奇妙な死
ディアトロフ峠事件

怪事件

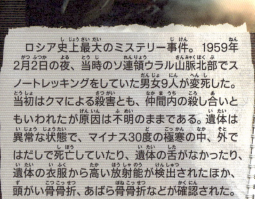

ロシア史上最大のミステリー事件。1959年2月2日の夜、当時のソ連領ウラル山脈北部でスノートレッキングをしていた男女9人が変死した。当初はクマによる殺害とも、仲間内の殺し合いともいわれたが原因は不明のままである。遺体は異常な状態で、マイナス30度の極寒の中、外ではだしで死亡していたり、遺体の舌がなかったり、遺体の衣服から高い放射能が検出されたほか、頭がい骨骨折、あばら骨骨折などが確認された。

DATA
発生場所…ロシア
発生年…1959年2月2日

怪奇度 ★★★★★
衝撃度 ★★★★☆

山口敏太郎の推理！

正直、いまだこの事件に関しては明確な答えが出ていない。ロシア軍の特しゅ部隊の機密活動を知ってしまったために殺害されたようにも思えるが、政府の最終的な結論は、全員が超自然力によって死亡したとされた。つまり、宇宙人による攻撃か超常現象が起こったのであろうか。

航空機が有害物質をばらまく殺人計画
ケム・トレイル

ファイルNo.
063
怪事件 ケム・トレイル

DATA

発生場所…世界各地
発生年…2004年～

怪奇度 ★★★☆☆
衝撃度 ★☆☆☆☆

怪事件

Chem trail

陰謀論の一種で、航空機が政府や企業の指示を受けて化学物質や毒物などを空中から散布することである。飛行機雲に似ているが、なかなか消えず、逆にだんだんと太い雲になっていくのが特ちょうだ。

　ケミカル・トレイルの略称であり、人口削減計画の一環である可能性や、作物収かく量を激減させ食糧危機を起こすのが目的ともいわれている。2004年にエイミー・ワージントンが陰謀論の一種として、殺人プロジェクトと紹介したのが最初であるという。

山口敏太郎の推理！

　これら「ケム・トレイル」に関する陰謀論は、人工降雨や台風制御など一連の気象制御に関する実験が深読みされた結果、生まれたと推測される。また、アメリカ空軍の関係者もデマであると明言しているのだが、元CIAのエドワード・スノーデンが、ケム・トレイルの情報を真実として暴露をはじめており、注目を集めている。

119

ファイルNo.064 お菊人形

知らぬ間に日本人形の髪がのびる怪異

お菊人形

DATA
- 発生場所…日本（北海道）
- 発生年…1918年

- 怪奇度 ★★★★☆
- 衝撃度 ★★☆☆☆

山口敏太郎の推理！

筆者自身も、数年前にお菊人形の取材を試みたことがある。一般的に、人毛が使用された人形は、髪の毛がのびることがあるといわれており、死者のツメや髪は、死後ものびるという。また人形の接着剤に使用された「ニカワ」が髪の毛の養分となり、のびる可能性があるということだ。

1918年8月15日、鈴木永吉は、札幌の狸小路で妹・菊子のおみやげに日本人形を買った。菊子は人形を大切にしていたが、翌年1月24日にカゼにより絶命。遺族はひつぎに人形を入れてやろうと思ったが、入れ忘れてしまい、遺骨と人形を仏だんにおさめていた。永吉は父・鈴木助七、妹・菊子の遺骨と人形を萬念寺にあずけ旅立っていった。戦後、帰国した永吉は人形を見て髪の毛がのびていることに気がつき、お寺に永代供養をお願いした。

山口敏太郎の極秘ファイル3

説明不能な謎の怪事件？

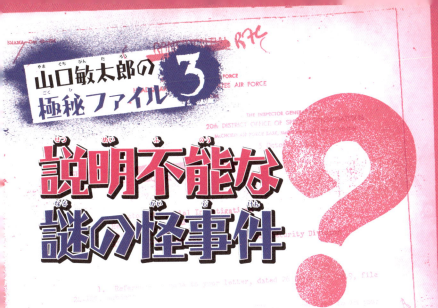

なぜ、そんな事件が起きたのか？ その事件を誰がどうやって起こしたのか？ など、どうしても原因や手法に関して説明がつかない事件は世界各地で起こっている。怪事件は、異星人や未確認生物、心霊事件などよりも、ぶきみで不可解なことも多い。われわれ人間にとって正体不明の事件は、えたいのしれない恐怖感を与える存在なのだ。

怪事件は、それが人間の手によるイタズラや犯罪である場合も多いのだが、なかには宇宙人がやったのか、未来人や地底人のしわざなのか、あるいは異次元やタイムスリップ、超能力といった現象が原因なのか、まったく意味不明で発生原因がわからない怪事件も起きている。

たとえば、友人のものまね芸人・レイバー佐藤氏から聞いた話によると、江戸時代にふしぎな服装をした人物が現れ、抗生物質のようなもので病気に苦しむ江戸っ子たちを救ったという記録があるらしい。これなどはまさに怪事件である。

ほかにも、2011年7月16日18時ごろ、鳥取県境港市

にある廃墟のガソリンスタンド事務所の屋根の上で、20〜30代と思える女性の遺体が見つかった。屋根の高さは3mで、人間が遺体をかかえてあがるのは不可能と推測されており、現場には遺体をひきずったあとや争った様子はないという。となると、この死体はどこからやってきたのだろうか。

　また、江戸時代に、突如裸の男が姿を現し、聞いてみると関西で行方不明になった男であったという「テレポーテーション事件」があったり、全身に電気が流れていて、抱きつくと病気が治ってしまう「電気人間」が存在したり、江戸時代に書かれた未来予想の文書（P153）が、昭和の日本を見事に的中させていたりと、そのような事件はたくさん発生している。

　本来、人類は常識や過去の事例をふまえて生きている。だが、常識をこえる事件や、過去の歴史から考えて想像もできない事例が発生することもあるのかもしれない。そう、「怪事件」は、誰のまわりでも発生する可能性があるのだ。

第4章

呪い・呪術

呪い【のろい】

他人を傷つけたり不幸にするために、霊的なパワーを使うこと。殺してしまうこともある。物理的な攻撃ではないが、強い思念が必要となるため、使う人にも危険がおよぶ。

呪術【じゅじゅつ】

呪い、おまじない、祈とうなど、それらすべてをふくんだ霊的な儀式や手段のこと。決して悪いことだけをさすのではなく、かつては医りょうの役割もあった。魔法とは別のものだ。

ファイルNo. 065
呪い・呪術

関係者が次々と奇妙な死にかたをする
アイスマンの呪い

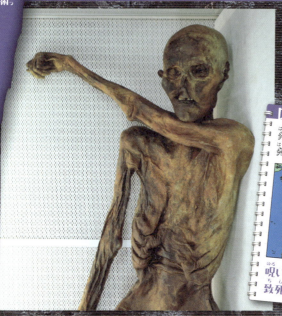

呪い・呪術

DATA
発生場所…オーストリア
発生年…1991年（発見）

呪いの強さ ★★★☆☆
致死度　　★★★★☆

　ミイラの呪いといえば、「ツタンカーメンの呪い」（P62）が真っ先に思いうかぶ。しかし、同様のミイラに関する呪いが、1991年にも起こっているとしたら、みなさんはおどろくだろうか。じつはこの年の9月19日、オーストリア・イタリア間の国境にある標高3200mのアルプス・エッツ渓谷にて、ある男性のミイラが1体発見された。
　このミイラは「アイスマン」の名で世界で報道されたが、このアイスマンを発見した人々も、ツタンカーメンの呪いと同じく、次々と奇妙な死をとげているのだ。
　最初の犠牲者は、法医学者ライナー・ヘンである。彼は発見時に直接素手でアイスマンにふれた人物なのだが、2年後に交通事故死をとげた。2番目の犠牲者は、ミイラの運送を行った登山家クート・フリッツである。彼も雪崩に巻きこまれ遭難死してしまった。ほかにも学者、カメラマン、登山家など、なんと合計7名のアイスマン関係者が死んでいるのだ。

年れい47歳前後、身長160cm、体重50kgとの調査結果だ

Iceman

上）アイスマンの遺体を運んだために亡くなった登山家のクート・フリッツ
下）エッツ渓谷で見つかったため、地名にちなんで「エッツィ」というニックネームもついている

山口敏太郎の推理！

「アイスマン」は鑑定の結果、推定5300年前のミイラであり、ツタンカーメンより古いことが判明した。また、ツタンカーメンの呪い伝説はフェイクだとわかったが、今回の「アイスマン」関係者の連続する死はぶきみなシンクロ現象であり、それぞれの関連性はまだ見えてこない。今後、観察が必要な問題である。

コイヌールの呪い

ファイルNo. 066
呪い・呪術
コイヌールの呪い

厄災がふりかかる血ぬられたダイヤモンド

呪い・呪術

kohinoor diamond

　呪いのダイヤといえば、「ホープダイヤ」が有名だが、最近では「コイヌールの呪い」も注目を集めている。今から5000年以上前にインドで発掘された1000カラットダイヤがコイヌールである。この宝石には、呪い伝説があり、手にした者は世界の富と名誉を手にするぐらいのパワーが得られるが、同時にすべての呪いも受けねばならない。

　ペルシャのナディル・シャーがインドのムガール帝国から手に入れるが、たちまち呪いがかかり、野心家の部下のむほんにより暗殺されてしまう。その後、コイヌールはアフガンの王様におくられるが、ここでも呪いがもういをふるう。おくられたアフガン王家では王族・貴族の間で骨肉の争いがぼっ発。血を流しあいながらコイヌールをうばいあう結果になる。

　さらにコイヌールはパキスタンのラ

1937年にエリザベス女王の王冠に飾られたコイヌール。現在、この状態で展示されている

ホープダイヤモンド

ファイルNo. **067**

DATA
発生場所…インド
発生年…5000年以上前

呪いの強さ ★★★☆☆
致死度 ★★★★☆

上）持ち主を次々と死にいたらしめ、転々と人の手をわたっていく"ホープダイヤ"は、現在、アメリカ国立自然史博物館に展示されている
下）ホープダイヤの呪いでは、マリー・アントワネットも斬首刑になっている

ホールで、とあるマハラジャの宝物殿にふう印された。同地ではしばらくおとなしくなるが、1849年のイギリス軍侵攻により、イギリス本国に持ち去られイギリス王室の宝物になった。

山口敏太郎の推理！

あくまで都市伝説だと明言しておくが、ダイアナ妃の悲劇も「コイヌール」の呪いではないかとうわさされている。よくよく考えてみれば「コイヌール」がイギリス王室に入ってから160年がたち、王族のスキャンダルなどがさわがれるようになったとも思われる。

ファイルNo. 068 呪いのモナリザ

持ち主が次々と不幸にあう絵画
呪いのモナリザ

呪い・呪術

Mona Lisa 呪

　筆者の運営する『山口敏太郎の妖怪博物館』には数多くの珍品・奇品が展示されている。「呪いのモナリザ」もそのひとつだ。
　この「呪いのモナリザ」は、友人がインターネットで入手したものであり、あまりにもぶきみなので筆者のもとに持ちこまれたものである。ちなみに持ちこんだ友人は、現在内臓の病気で苦しんでいる。

　「呪いのモナリザ」を所有する人間は、精神的に異常をきたしたといわれており、作品自体もなんともいえない妖気を放っている。
　霊感風水師のあーりん女史の見立てによると、このモナリザの下に、絵か記号か、なんらかのかくされたモノがあるのではないかということである。
　この「呪いのモナリザ」は2015年2月27日、筆者が開催した新春パーティー

DATA

発生場所…日本
発生年…2015年

呪いの強さ ★★★☆☆
致死度 ★☆☆☆☆

一見するとモナリザそっくりだが…

矢印がさす円のなかにオーブが浮かんでいる

に持ちこまれ、某テレビ局のカメラの前で開ふう実験が行われた。
　この時にも事件は起きている。新春パーティーに参加していた怪談師として活やくする渋谷泰志氏が撮影した写真に奇妙なモノが写っていたのだ。
　カメラや出演者の間にかざられたモナリザの絵、その足もとに大きく白いオーブ（墓地などの写真に写りこむ円形の光）が写りこんでいるのだ。

山口敏太郎の推理！

　この「呪いのモナリザ」には、まだほかにもぶきみなエピソードがある。パーティーで開ふうされたあと、持ち帰るのが手間であったため、筆者は『山口敏太郎の妖怪博物館』に置いて帰宅した。翌朝、事情を知らない博物館担当の社員からこんなメールが入ったのだ。
「あのモナリザはなんですか？　移動させようと思って持ち上げたら、目が動きました」。

ファイルNo. 069

職業として国が"魔女"を認めている
ルーマニアの魔女逮捕事件
Romania witch

DATA
発生場所…ルーマニア
発生年…2013年12月

呪いの強さ ★★★☆☆
致死度 ★☆☆☆☆

呪い・呪術

　ルーマニアでは、世界でゆいいつ魔女が"まっとうな職業"として認められている。そんななか、2013年にメリッサとバネッサという2人のプロの魔女が、脅迫容疑で逮捕される事件が起きた。2人の魔女の逮捕容疑は、魔法に関連した脅迫である。
　ルーマニアで国民的な知名度をほこる某人気女優から、仕事の依頼を受けた。それは、うらみを持っている肉親からかけられた「呪い」をはらってほしいというものだったのだが、そのあとがいけなかった。
　仕事の報しゅうとして、現金、ポルシェ、マンションなど総額45万ユーロ（約4700万円）を受け取ったのだ。これで終われば問題なかったのだが、人間の欲にはキリがない。
　しだいに女優に対する2人の魔女の要求内容がエスカレート。しまいには

2011年1月1日から正式に職業として認められたルーマニアの「魔女」。彼女たちは国の認可を受けている

ヨーロッパでは古くから魔女信仰の歴史があり、ルーマニアでは国民の70%が魔女の力を信じている

逃げようとしたその女優に「おまえを、呪いで自殺させてやる!!」と脅迫したのだとか。いやはや、魔法以前に人間としていかがなものかと思う。

山口敏太郎の推理！

ルーマニアの占い師・魔女制度の認可を受けた魔女は、数千人いるといわれている。魔女になるのも自称ではなりたたず、役所に営業許可を申請し、規定の所得税を納め、健康保険や年金にも加入しなければならない。予言がはずれた場合には、ばつもあるそうで、魔女になるのもかんたんな道のりではない。

ファイルNo. 070

呪い・呪術

周囲で不幸が連続する「学校の怪談」
呪いのガイコツ標本

呪い・呪術

人骨を使ったガイコツ標本の頭がい骨

「学校の怪談」でよく語られるのが、理科室に展示してある「ガイコツ標本」や「人体模型」がひとりでに動いたり、しゃべったりするパターンだ。しかし、実際に「ガイコツ標本」がたたりをおこすと聞いたらおどろくだろうか。
ここで紹介しているのは、筆者が、入手したガイコツ標本の頭がい骨である。

ガイコツ標本は普通、プラスチックなどで作られるが、これは本当の人骨だ。
この標本は30年ぐらい前に大学の研究者によって購入されたものだといわれており、その人物の研究室に置かれていたものだが、数々の怪異現象が起きてしまい、気味悪く思って、ある古物商に売り渡したという。

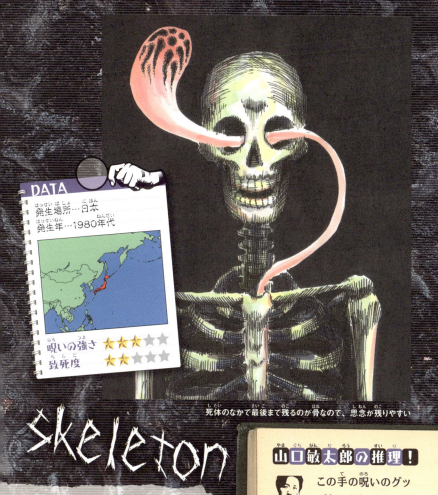

DATA

発生場所…日本
発生年…1980年代

呪いの強さ ★★★☆☆
致死度 ★★☆☆☆

死体のなかで最後まで残るのが骨なので、思念が残りやすい

skeleton

その古物商も入手したとたん、交通事故にあってしまい、やはり気味悪く思ったので、『山口敏太郎の妖怪博物館』あてに送られてきたものである。

なお、この骨格はスリランカ人の女性のものだといわれており、防腐処理などの保管に必要なことはきちんと行われている。

山口敏太郎の推理！

この手の呪いのグッズというものは、ただ単に不幸が連続するだけというシンクロ現象もありうる。だが、あまりにも偶然が続くと人間は、"呪い伝説"を作り上げ、そのせいにして自分を納得させようとする。今回の品物も長期間にわたる研究が必要である。

ファイルNo. **071**

呪い・呪術

ブードゥー教の呪い人形

呪いたい人の魂をふうじて針でつきさす
ブードゥー教の呪い人形

Voodoo curse doll

呪い・呪術

DATA
発生場所…ハイチ、ベナン
発生年…16世紀初頭〜

呪いの強さ ★★★★★
致死度 ★★★☆☆

　世界各地には呪いをかける人形が数多くある。なかでもおそろしいとされるのが「ブードゥー人形」である。その呪いの手法とは、呪いたい相手の魂を人形にふう印し、人形の体を針でつきさすと、その相手は人形が針でさされた部位をおさえながらもん絶しはじめ、なかには死に至ってしまう場合もあると伝えられている。
　この呪術は映画や小説にも出てくるので、オカルトに興味のない人もどこかで目にしたことはあるだろう。
　このブードゥー人形を使う呪術は、もともと「ブードゥー教」という、おもに西アフリカをメインにカリブ諸島、アメリカの南部で信仰されている民間宗教がルーツだ。皮肉なことに西アフリカから奴隷として住民たちが世界中に売られていく過程で広がっていった。なんと、その信者は一説によると世界中

134

呪

人を呪うときには自分にもなにか返ってくる可能性があるので、気をつけたほうがいい

入手がしやすい新しいブードゥー人形だが、針をさしてみると無機質なぶきみさを持っている

で数千万人をこえるともいわれている。ちなみにホラー映画などでおなじみのゾンビもそのコンセプトは、この「ブードゥー教」がルーツである。

山口敏太郎の推理！

そんなにおそろしいはずの呪いのグッズ、ブードゥー人形が『山口敏太郎の妖怪博物館』に展示されている。だが、最近の流行だろうか。どこかみんなから愛されるファンシーグッズみたいなデザインになっているのだ。みんなから愛されるファンシーグッズ、そもそも呪いから離れているような気がするが……。

ファイルNo. 072 バズビーのイス

呪い・呪術

死刑囚の怨念によって座った人は死にいたる
バズビーのイス

呪い・呪術

DATA
発生場所…イギリス
発生年…1702年

呪いの強さ ★★★★★
致死度 ★★★☆☆

2007年、イギリスの某雑誌が「呪いのイス」の記事を掲載した。「バズビー・ストゥープ・イン（首つりバズビー）」というパブにあったイスで、1702年に絞首刑になったバズビーの遺品であった。このイスは「座ると死ぬ!」といわれ、これまでに60人以上が犠牲になっている。

バズビーの処刑後、妻がほかの家具と一緒に売却し「バズビー・ストゥープ・イン」というパブに置かれた。呪いのイスをひと目見ようと多くの客がパブに殺とう。つぎつぎと犠牲者を出すことになる。酔って座った建設業者の青年が仕事場で謎の墜落死をとげ、配達業者は交通事故で死んでしまった。

今は誰も座らないように、地元の博物館の天井近くに展示されている。

山口敏太郎の推理!

そもそもバズビーは人間的に問題がある。飲んだくれで働かない男だったバズビーとの結婚を許さない妻の父親を殺害し死刑になった。バズビーは、絞首刑になる前に「このイスに座るヤツに呪いをかけてやる」といって死刑になったという。そもそも、自分が悪いのに呪いとは、ほとほと迷惑な男である。

136

ファイルNo. 073

人格が急変する四国犬神一族のたたり
おたぬきさん

呪い・呪術

DATA
発生場所…日本（徳島県）
発生年…1980年代

呪いの強さ ★★★★☆
致死度 ★☆☆☆☆

犬神一族

筆者が高校2年の時、学校のろうかで友人T君とI君がプロレスごっこをしていた。しかし、ふだんは温厚なT君が突如として大暴れしたのである。
　あぜんとしているみなをしり目に、T君は猛スピードで学校から走り出ていった。I君は「ときどきああなるんだよ。人が変わっちゃってどうしようもない。力も人間のものとは思えないし、彼の家はたぬきを信仰してね、たぬきが降りてくると突然山に行きたくなるんだ」と教えてくれた。T君の家は"おたぬきさん"と称する犬神のようなつき物を信奉しており、教団を父親が組織している。ときどきひょう依されると大暴れするというのだ。

山口敏太郎の推理！
　2015年、筆者は高校の同窓会に出た。卒業して30年もたつと数名の同級生が命を落としているものだが、なんとT君もこの世を去っていた。もはや、そのときの不思議な現象を確認する方法はないのだが、人間に人ではないものがひょう依するということは、いったいどういうメカニズムなんだろうか。

山口敏太郎の極秘ファイル 4

呪いのメカニズム

　呪いのメカニズムとは、呪いを信じることで発動する。これが呪いの真実である。人間は誰か他人から呪われていると思うだけで、ものすごいストレスを感じる。だから、呪いをかけるコツは、呪う相手に自分は呪われているんだと思いこませることである。この思いこみこそが呪いの真実なのだ。

　人は印象深いことばかり、脳内に残ってしまう。例えば、不快なことがあれば、そのことばかりが脳内をかけめぐり、「やはり、呪いは的中したのではないか」とだんだん不安になる。この自己暗示こそが、人間を体調不良に追いこんだり、精神的な不安定に落としいれる。つまり、心と体は影響しあうのだ。

　これは予言のトリックと似ている。やたらに多く予言する予言者やその信奉者は、はずれた予言の大部分を無視し、当たった予言ばかりを自慢する。あいまいな表現で予言しておけば、無理やり当てはめて、的中したかのように偽装することが可能だ。

第5章

超能力・予言・霊視

超能力【ちょうのうりょく】

人智をこえた特しゅな力、それが超能力だ。ふれずに物を動かす、瞬時に場所を移動する、壁の向こう側を見る、人の心を読む、火や電気をあやつるなど、さまざまな種類がある。

予言【よげん】

未来のことを指し示す言葉が予言であり、それができる人物を予言者とよぶ。災害や歴史的な転かん期、重要人物の死の予言が世間をさわがせることがある。神の啓示の場合もある。

霊視【れいし】

普段人間が「物を見る」ときは、目という器官を使う。そうではなく、霊的な力によって目に見えないものまで「視る」ことを霊視という。おもにオーラや幽霊などを視る。

ノストラダムスの大予言

ファイルNo. 074
いまだ都市伝説を生み続ける存在

超能力・予言・霊視

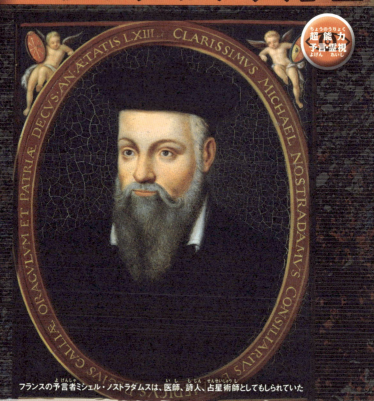

超能力／予言・霊視

フランスの予言者ミシェル・ノストラダムスは、医師、詩人、占星術師としてもしられていた

2014年の春、新宿の街角で奇妙なはり紙を見つけた。「5月12日に首都圏直下の大地震が起こる」という内容であった。このはり紙の製作者によると、ノストラダムスの予言を解せきした結果であり、その年の2014年5月12日夕方が危ないというのだ。この情報を筆者のブログで公開したところ、インターネットニュースになるほどの反響があり、ほかにも都内のさまざまな場所で同じはり紙が目撃されていることがわかった。

結局、地震は発生しなかったが、ノストラダムスに関したさまざまな都市伝説が生まれやすいようだ。2001年9月11日にアメリカ同時多発テロ事件

上) 1568年に刊行された現存する最古の「ノストラダムスの予言集」
下) ノストラダムスの予言は西暦3797年まである。この図はその「予言カレンダー」である

山口敏太郎の推理！

現在、地震の予言は科学者によっても不可能である。今のところ迷信に属するいくつかの前兆とよべる現象はあるが、それも結果論にすぎない。ただし、ふだんからいつおこるかわからない地震に対して、避難経路や食料確保など、万全の準備をするのは賢明である。

DATA
発生場所…フランス
発生年…1503年（生年）

衝撃度 ★★★★★
リアル度 ★☆☆☆☆

が発生したときも同様であった。ノストラダムスの予言とする詩の一部分が出回り、さも今回のテロが的中しているかのように説明もされていた。しかし、そのような詩は存在せず、フェイクであることが判明している。また、ツインタワーに突入した飛行機が、恐怖の大魔王が空から降ってきたという予言そのものだという意見もインターネットで流れた。そもそも1999年7月に人類が破めつするという予言が外れてから、ノストラダムスの予言の信ぴょう性も地におちたはずだが、今も気がつくとさわがれているようだ。

Prophecies of Nostradamus

141

ファイルNo.
075

エドガー・ケイシー

超能力・予言・霊視

アメリカ最高峰の予言者
エドガー・ケイシー

超能力
予言霊視

DATA
発生場所…アメリカ合衆国
発生年…1877年(生年)

衝撃度 ★★★★☆
リアル度 ★★★★☆

Edgar Cayce

　ここ数年、アカシックレコードリーダー（原始からすべてのことが記録されているアカシックレコードを読める人）の出現によって、"眠れる予言者"エドガー・ケイシーに注目が集まっている。ケイシーは、1877年3月18日にアメリカのケンタッキー州にある農場の息子として生まれ、リーディング（深層心理や過去の体験など、相手の情報を読み取ること）で多くの人を救ったとされている。

　1945年1月3日、バージニア・ビーチで天寿をまっとうしたが、その功績に関しては賛否両論がある。

　ケイシーは、1998年ごろに日本が沈ぼつすると予言しており、ノストラダムス（P140）の1999年の予言と合わせて、昭和の子どもたちを恐怖のどん底にたたき落とした。的中した予言も多く、キクイモによる糖尿病改善策を代

ケイシーは人びとの相談にのるだけでなく、自宅で催眠状態に入り、世界中の過去のできごとを見ることもできた

表として、数多くの難病の治りょう方法をリーディングによって導きだした。近年では過去のリーディングデータの中から、エイズ治りょうに効果的な方法が見つかったともいわれている。

彼自身がフリーメイソンのメンバーであったとか、グレート・ホワイト・ブラザーフッド（聖白色同胞団）にとりつかれていた、と指てきする声も一部にはある。

山口敏太郎の推理！

このように評価の高いケイシーだが、彼が大の日本ぎらいであったことはあまりしられていない。当時のアメリカと日本との政治的な対立を考えた場合、ケイシーの反日主義も理解できなくはないが、その過度な反日感情が「日本沈ぼつ」という予言を生みだした可能性はある。

ファイルNo. 076 ファティマの予言

超能力・予言・霊視

聖母マリアが出現し大奇跡を起こした
ファティマの予言

Prophecy of Fatima

超能力 予言・霊視

DATA
発生場所…ポルトガル
発生年…1917年

衝撃度 ★★★★☆
リアル度 ★★★★★

　聖母マリアやキリストが突如出現し、予言をすることは世界各地で報告されている。なかでも有名なのが1917年にポルトガル・ファティマで起きた「ファティマの予言」である。第1次世界大戦中のファティマにて、羊飼いの少年少女の前に聖母マリアが現れ、毎月13日に予言をしていくようになった。この出現は6ヵ月にわたって続き、最後の月には10万人もの群衆がおしよせるそう動になった。

　聖母マリアの姿は子供たち3人にしか見えていなかった点が気になるが、群集の中には光を見たものなどもいたようだ。かん心の予言の内容は、当時のローマ法王が恐怖のあまり失神したという逸話も残されており、特に「第3の予言」という部分は1960年まで封印されることになった。
　結局、公開されたのは2000年であり、ローマ法王暗殺未遂事件の予言であったということで決着がついた。

山口敏太郎の推理！

筆者としては、この「第3の予言」が本当にローマ法王の暗殺であったのかどうか、疑念を抱いている。じつはもっと多くの民衆が犠牲になるような事件や事故の予言ではなかったのだろうか。また、少年少女が目撃した聖母マリアとはいったいなんだったのか。たんなる集団幻覚とするのは無理がある。

上）マリアの出現に最初に立ち会った3人の少年少女たち
右）聖母マリアの出現によって10万人もの観衆が集まるようになった

ファイルNo. 077 怪僧ラスプーチン

"不死身"といわれた人物
怪僧ラスプーチン

超能力・予言・霊視

Grigori Rasputin

DATA
- 発生場所…ロシア
- 発生年…1869年（生年）
- 衝撃度 ★★★☆☆
- リアル度 ★★★★☆

　怪僧ラスプーチンといえば、ロシアを代表する怪人である。いちおう、ロシア正教の僧りょとされているが、正式な僧りょではなかったという意見が強い。

　有力者から大事にされており、ロシア皇帝ニコライ2世と皇后アレクサンドラ・フョードロブナに重用されたことで王朝に大きな影響力を持った。

　シベリアの農家に生まれたが、不思議なパワーで病気治りょうをほどこし、多くの信者を集めた。伝承によると呪文を唱えて病気を治していたらしく、病院の待合室にいたガン患者全員を治りょうしたことがあるという。

　ラスプーチンはそのパワーで皇太子の病気を治りょうし、皇帝から絶対の信らいを得るようになったが、その権力を皇族の一部から警戒され暗殺されてしまった。

　暗殺されて息絶えるとき、王朝の滅亡と皇族の死を予言したが、その死から2カ月後の1917年2月、ロシア革命が起こり、予言どおりの悲劇が起きた。

上）女性信仰者たちに囲まれるラスプーチン。宮中の夫人たちから熱れつに支持されていた
下）ラスプーチンの死にざまはすさまじいものだった。何をしても死なない生命力のせいである
右）ミハイル・プチャーチン公爵（左）とロマン大佐（右）とともに写るラスプーチン

超能力

山口敏太郎の推理！

ラスプーチンの最期が壮絶である。皇族に呼び出され致死量の青酸カリを飲まされたが平然としていたので、全身に銃弾を何発も撃ちこまれるも庭に逃走。つかまったあと、す巻きにされ川に放りこまれた結果、ようやくでき死したという信じられないようなものであった。怪人・怪僧の異名がふさわしい。

ファイルNo. 078 福来友吉の予言・霊視

念視、千里眼…日本の超能力ブームの先がけ
福来友吉の実験

超能力 予言・霊視

福来の書いた『透視と念寫』表紙

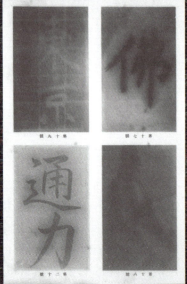

長尾郁子が念写した写真

透視、千里眼、念写…

日本の真ん中に位置する岐阜県は福来友吉、田中守平など霊術家を多数送り出している。

福来友吉博士こそが、ジャパニーズホラーブームの先がけとなった小説および映画『リング』シリーズに出てくる伊熊助教授のモデルなのだ。明治から大正・昭和にかけて超能力研究を行い、福来自身も日本に一大サイキックブームを巻きおこした人物なのだ。

千里眼や念写といった超能力の研究にぼっ頭した福来は、京都帝国大学の今村新吉ら仲間の学者とともに実施した公開実験がインチキだとバッシングを受け、結果的に東大を追われてしまう。しかし、その情熱は冷めることなく、御船千鶴子や長尾郁子、三田光一という多くの超能力者を発掘した。

不思議な現象などを頭ごなしに否定するのではなく、何事も学問として研究、追求することの重要さを教えてくれたかのようだ。

御船千鶴子

高橋夫人の念写

高橋貞子

左上)透視能力を持つ御船千鶴子
右上)高橋貞子の念写した「妙法」の文字
左下)「リング」の貞子は高橋貞子に由来する
右下)長尾郁子の透視は的中率が高いと評判だった

DATA
発生場所…日本
発生年…1869年(生年)

衝撃度 ★☆☆☆☆
リアル度 ★★★★☆

山口敏太郎の推理！

現在、岐阜県高山市には福来博士の研究内容について展示をしている「福来記念・山本資料館」があるが、岐阜県内では博士に対する評価は低い。また、昭和8年には、三田光一の念写実験を岐阜市公会堂で行っているが、その事実もあまり知られていない。

ファイルNo.079

超能力・予言・霊視

イルミナティカード

世界各国の陰謀を予言する闇のカード
イルミナティカード

超能力
予言・霊視

『イルミナティカード』は、その名の通り、闇の勢力とよばれる「イルミナティ」をモチーフにしたカードで、遊び方は普通のカードゲームとさほど変わりがない。だが、パッケージは一つ目ピラミッドのイルミナティのマークを中心に、操り人形がおどっているという意味深なもので、各カードの絵がらは世界の重大事件を予言しているとうわさになっているようだ。

例をあげれば、ツインタワーが爆発しているものや、『ゴジラ』に似ている怪獣が街を破かいしている絵がらがある。前者は絵がらのとおり2001年9月11日の『アメリカ同時多発テロ事件』、後者は日本発の放射能怪獣ゴジラという点から2011年3月11日の『東北地方太平洋沖地震』および『福島第一原子力発電所事故』を予言したものなのではないかと指てきされている。

150

スティーブ・ジャクソン・ゲームズが開発したカードゲームで、最初のものは1995年に発売

DATA

発生場所…アメリカ合衆国
発生年…1995年

衝撃度 ★★★★★
リアル度 ★★★☆☆

Illuminati

山口敏太郎の推理！

筆者は自分のラジオ番組において、このカードを紹介し、Amazonで入手した経過も紹介した。その際にも忠告したのだが、「イルミナティカードはあくまでカードゲームの一種なのでお遊び程度の感覚で」という心構えが大事である。深読みすれば、日本のボードゲームの「人生ゲーム」だって予言カードにすることは可能だろう。

この『イルミナティカード』、内容が内容だけに入手が困難と思われているが、かんたんに買うことができる。
インターネット通はんでも取りあつかっており、Amazonでもかんたんに注文できてしまう。何種類かバージョンが出ているが、はたしてこのカードは人類の未来を暗示している予言カードなのだろうか。

ファイルNo. 080 ジョン・タイター

超能力・予言・霊視

2036年からやってきた未来人
ジョン・タイター

超能力 予言・霊視

DATA
発生場所…アメリカ合衆国
発生年…1998年

衝撃度 ★★★★★
リアル度 ★★★★☆

山口敏太郎の推理！

彼の予言をいくつか紹介すると「2008年、北京オリンピック中止」「2015年、第3次世界大戦ぼっ発」「2015年、中国による日本、台湾、韓国の強制合併」「オーストラリアが中国を撃退する」「ロシアの暴走と中国軍の世界侵攻」「中東での大量破壊兵器の使用」「2020年タイムトラベル反対派のまっ殺」などだ。

未来人がやってきてこれから起こることを予言する……。まるで映画『ターミネーター』のような話だが、自身を未来人だと主張するジョン・タイターという人物がネット上で予言をくり返した事件があった。

1998年4月27日、ジョン・タイターは自分の両親のもとに姿を現す。当然のことだが、両親はおどろいた。なぜなら、その時点でまだ2歳のわが息子が、未来から36歳の成人男性となって訪ねてきたのだ。ジョンは2001年3月まで滞在し、数々の予言を公開して未来へと帰った。

江戸時代に21世紀を予言した
をのこ草子

ファイルNo.
081

をのこ草子 超能力・予言・霊視

DATA
- 発生場所…日本
- 発生年…1730年ごろ

衝撃度 ★★☆☆☆
リアル度 ★★★★★

超能力
予言・霊視

上・左）をのこ草子は原本がなく、昭和初期に出版された『神道古義 地之巻』に紹介されたのが最古の文献だ

江戸時代に評判になった予言書がある。それが『をのこ草子』とよばれる文けんである。

この『をのこ草子』は、徳川8代将軍・徳川吉宗のころに流布していたという予言書であり、250年後の未来を予言していた。つまり、1980年前後を指しており、空を飛ぶ人、地中を進む人、気象のコントロールも予言している。さらに、クローン技術を連想させる予言や、地と水、火、風の大きな災害が日本をおそうと記述されている。

山口敏太郎の推理！

重要なことを述べておこう。この「をのこ草子」は江戸時代に流行した未来予想本の1冊がたまたま的中したにすぎない。昭和の少年誌にのっていた21世紀の日本という特集記事とさして変わらないであろう。しかし、「をのこ草子」の内容が、1980年代以降の社会に当てはまるという偶然の一致（シンクロニシティ）は興味深い。

山口敏太郎の極秘ファイル 5

24-185

超能力者の真偽を見極める

超能力といっても本物は少ない。世界的な超能力者といえども、海外のイベントやテレビ番組では"マジシャン"として紹介されていたり、"エンターテイナー"と称される場合も多い。日本でも単なる手品を"心理学を応用した"とか"超能力"と言いはって営業している人物がいるが、それは看板にいつわりありといえるのではないだろうか。また、有名な霊能者の多くのトリックを筆者は見破ってきた。

かといって超能力はまったくのウソではない。テレビに出ないで、山奥やお寺でひたすら修行ばかりしているようなお坊さんや神主さんの中には、トリックとは考えられない不思議な力を持った人物が実在するのも事実である。

このように、世の中にはどんな分野にも本物とニセモノが存在する。われわれは、その真偽をしっかりと見極める心眼が必要なのだ。

第6章

シンクロニシティ

シンクロニシティ【しんくろにしてぃ】

「意味のある偶然の一致」のこと。まったく別のものが同じデータを示す、共通点がないはずの人が同じ行動をしているなど、奇妙な共鳴現象のことをシンクロニシティという。

ファイルNo. 082 シンクロニシティ リンカーンとケネディ

不思議な関係を見せる2人の大統領

リンカーンとケネディ

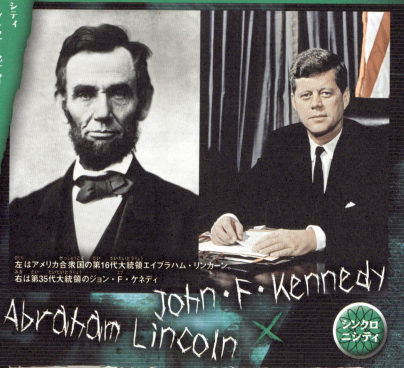

左はアメリカ合衆国の第16代大統領エイブラハム・リンカーン。右は第35代大統領のジョン・F・ケネディ

Abraham Lincoln × John・F・Kennedy

シンクロニシティ

　アメリカを代表する大統領であるリンカーンとケネディは、奇妙な一致点が多い。2人とも金曜日に暗殺され、妻の目の前で後ろから頭部をうたれている。リンカーンが暗殺された現場はフォード劇場であり、ケネディが暗殺時に乗っていた車はフォード社製リンカーンであった。

　また、リンカーンの副大統領で、その後大統領になったのがジョンソン大統領であり、ケネディの副大統領で、その後大統領になったのも同じくジョンソン大統領である。

　さらに、リンカーンの秘書もケネディの秘書もそれぞれ、劇場やダラスに行かないように警告している点も同じだ。おどろくべきは、その秘書の名前である。リンカーンの秘書の名はケネディであり、ケネディの秘書の名はリンカーンであったという。

DATA

発生場所…アメリカ
発生年…1809年、1917年（生年）

偶然度 ★★★★☆
不思議度 ★★★★★

ジョン・F・ケネディ大統領はパレードの最中に背後からうたれて死亡している

劇を見ている最中に背後からうたれ、暗殺されたエイブラハム・リンカーン大統領

リンカーンをうったブースは劇場から逃走し、倉庫で逮捕された。ケネディをうったオズワルドは倉庫から逃走し、劇場で逮捕された。そして実行犯のどちらも裁判が行われる前に射殺されてしまったのだ。

山口敏太郎の推理！

2人の共通点はまだある。リンカーンの初当選は1846年、ケネディの初当選は1946年で、100年ちがいである。またリンカーンが大統領になったのは1860年、ケネディの大統領就任は1960年、これまた100年ちがいである。リンカーンのあとをついだアンドリュー・ジョンソンは1808年生まれ。ケネディのあとを引きついだリンドン・ジョンソンは1908年生まれ。リンカーン暗殺犯は1839年生まれで、ケネディ暗殺犯は1939年生まれ、すべてが100年ちがいなのだ。

ファイルNo. 083 シンクロニシティ モンスの天使事件

全めつ寸前のイギリス軍兵士が同時に見た天使
モンスの天使事件

Angels of Mons

シンクロニシティ

1914年8月、第1次世界大戦中のこと、ベルギー軍やフランス軍を助けるために、イギリス軍はプロシア（ドイツ）軍とベルギーのモンスで交戦していた。だが、プロシア軍の大型大砲と機関銃砲を中心にした圧倒的な火力と合理的な戦法により、イギリス軍はプロシア軍に包囲され、生き残った2連隊は全めつを待つ状態であった。

すると、どこからからともなく金髪で長身、黄金のよろいを身につけた天使たちが出現し、ドイツ軍に向かって矢を放ち始めた。この不思議なできごとは20分から40分続き、イギリス軍はてっ退に成功したとされている。現場にいた両軍の兵士たちの大部分が目撃し、国の上層部に報告された。このうわさはヨーロッパ中に広がり、「モンスのエンゼルス」が連合国側にいたということは、「神は連合国側が正義だとジャッジしている」ことの証明であるとしてイギリス政府は大喜びし、熱狂した国民の多くが軍隊の新人募集に応募、国全体がわきあがった。

山口敏太郎の推理！

この集団幻覚事件の真相はなんだろうか。第1次世界大戦で初めて使用されたマスタードガスなど、毒ガス兵器が戦場で散布された。このマスタードガスを吸ってしまうと幻覚を引き起こすといわれており、このガスによる幻覚というのが真相ではないかと推測できる。

プロシア軍の侵攻を食い止める天使の図

武装した天使の軍団が助けにきたら、誰でも勝利を確信するだろう

DATA
発生場所…ベルギー
発生年…1914年8月

偶然度 ★★★☆☆
不思議度 ★★★☆☆

ファイルNo. 084 シンクロニシティ ギリシャ神話と日本神話

奇妙な一致を見せる古代の神々
ギリシャ神話と日本神話

日本神話の神イザナギとギリシャ神話の神オルフェウスの物語は奇妙な一致を見せる

Japanese Greek Mythology × Mythology

シンクロニシティ

日本の神話や伝説がギリシャ神話と似ているというと、みなさんはおどろくだろうか。

まず、日本神話やギリシャ神話の国生みの過程が似ていることがあげられる。こんとんから天地が分離し、オノゴロ島と周辺の島々が生まれ、海ができたというのが『古事記』に記された日本神話である。ギリシャ神話の国生みも、こんとんから大地や天空が生まれ、最後に山と海ができている。

また、日本神話のクライマックスのひとつである、夫婦神の話もかなり似ている。妻であるイザナミを失ったイザナギは悲しみのあまり黄泉の国に妻を迎えに行くが、妻との約束を破りそのみにくい姿を見てしまい、逃げ帰ってくるという物語はよくしられている。

ギリシャ神話ではオルフェウスが愛妻・エウリュディケを失い、冥府に迎え

上）ひとつ目というキュクロプスの独特の見た目は、現代のヒーローやモンスターにも影きょうを与えている
右）兵庫県の沼島にあるイザナギとイザナミの像。日本列島をつくった夫婦の神である

DATA

発生場所…日本、ギリシャ
発生年…神話の時代

偶然度 ★☆☆☆☆
不思議度 ★★☆☆☆

に行く。しかし、冥府にいる間は妻を見てはいけないという約束を破り、見てしまったため連れ戻しに失敗し、そのまま現世に帰ってきたという物語である。まさに同じ話といってよいぐらいに似ている。

山口敏太郎の推理！

日本神話とギリシャ神話の共通点はほかにもある。日本の伝説に出てくる「ダイダラボッチ」は、ギリシャ神話に出てくる大工「ダイダロス」の名前に似ている。天目一箇神（アメノマヒトツノカミ）は、製鉄と鍛冶の神であり単眼をしているが、ギリシャ神話の製鉄の神・キュクロプスも単眼である。アマテラスとデメテルの話もよく似ている。

ファイルNo. 085 双子のシンクロニシティ

別々に育った双子をめぐる数奇な運命

アメリカの女優、サマンサ・フターマン

Identical twins

　双子というものは目に見えない糸で結ばれているのであろうか。フランス・パリで育ったアナイスと、アメリカ・ニュージャージー州で育ったサマンサは数奇な運命にほんろうされた。
　2012年12月、アナイスは友人から、ユーチューブに自分にそっくりな女性が動画を投稿しているという情報をもらった。その時、映像を確認したのがたしかに似ていると思った。

　しばらくして、そのそっくりな女性はサマンサ・フターマンという女優だと判明した。不思議なことに生まれた場所や生年月日もまったく同じだったのだ。奇妙な感覚にとらわれた2人は、ロンドンやロサンゼルス、ニューヨークで何度も会い、姉妹だと確信するようになった。DNA鑑定の結果、2人は別々の孤児院にあずけられた双子だと判明した。

双子の子供にジャンケンをさせると、かなりの率であいこになるという説もある。また、双子は別々に育てても好きなものや、かかる病気が一致することが多い

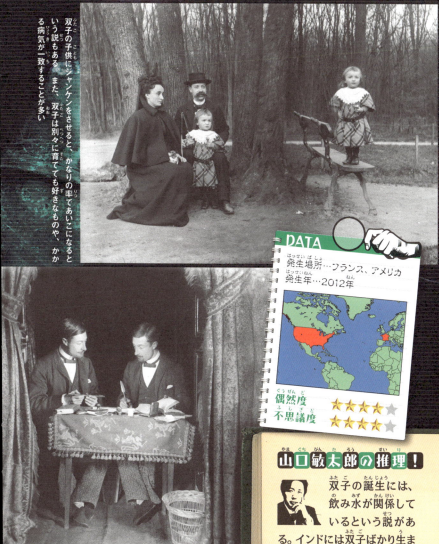

DATA
発生場所…フランス、アメリカ
発生年…2012年

偶然度 ★★★★☆
不思議度 ★★★★☆

しかも、まったくちがう環境で育ったにもかかわらず、2人の好きな食べ物や嫌いな食べ物は一致し、好きなネイルの色や1日の睡眠時間さえ一緒であったというのだ。

山口敏太郎の推理！

双子の誕生には、飲み水が関係しているという説がある。インドには双子ばかり生まれる村がある。インド・ケーララ州コディンヒ村は、一卵性の双子が産まれる確率が世界平均に比べ10倍以上にもなるというのだ。やはり、飲み水になにかヒントがあるのだろうか。

ファイルNo. 086 亡き人の顔がうかぶ木

茨城の住職夫妻を救ったカヤの木
亡き人の顔がうかぶ木

シンクロニシティ

1968年、茨城県にある永福寺のカヤの木が、墓地をつくるために切り倒された。その後カヤの木は板に加工され一般住宅に使用されたが、民家に使用された1枚に人の顔のようなものがうかびあがった。この板は額に入れられて永福寺に奉納された。

うかびあがった顔を見た住職はがく然とした。1954年に亡くなった先代住職の顔にそっくりだったのだ。先代住職は戦時中、カヤの実や油で苦しい日々を乗りこえた。亡くなった先代住職の魂は自分の命をすくってくれたカヤの木と同化してしまったのだろうか。奇妙な一致といいきるには、あまりにふしぎな話だ。

山口敏太郎の推理！

さらに1990年には、先代住職の顔がうかびあがった板の裏側に、別の顔らしきものがうかびあがった。おどろくべきことにこの顔は、1945年に亡くなった現在の住職の実母、つまり先代住職の奥さんの若いころの顔にそっくりだったのだ。

DATA

発生場所…日本（茨城県）
発生年…1968年、1990年

偶然度 ★★☆☆☆
不思議度 ★★★★☆

164

ファイルNo. 087

国家がきもを冷やした機密ろうえい
クロスワードパズルとノルマンディー上陸作戦

DATA
発生場所…イギリス
発生年…1944年6月

偶然度 ★★★
不思議度 ★★

　第2次世界大戦中の1944年、まさにノルマンディー上陸作戦が実行されようとしていたころ、イギリスのレナード・ドーは、デイリー・テレグラフ紙のクロスワードパズルの答えを作成していた。ユタ（UTAH）とオマハ（OMAHA）という解答を作ったところ、偶然にもノルマンディー上陸作戦の暗号とまったく同じであった。しかも、ドーは2週間後のパズルの答えでも、ジュノー（JUNO）、マルベリー（MULBERRY）、オーバーロード（OVERLORD）という単語を使ったが、これもまた作戦の暗号や作戦名と一致してしまった。軍はドーを拘束し、調査したが偶然の一致だと結論づけた。

山口敏太郎の推理！ 　この話には後日談がある。レナード・ドーは校長先生を務めていて、このクロスワードパズルの作成を生徒に手伝わせていた。その生徒のうちのひとりが、自宅近くに駐屯していた米軍兵士の会話によく出てくる単語をパズルの答えに使用したのである。これは戦後40年ほどたってから元生徒が告白した。

山口敏太郎の極秘ファイル 6

寅さんそっくりの埴輪

シンクロニシティに遭遇したとき、人は神の見えざる手というものを感じるのかもしれない。8月4日は、国民的スターであり、「フーテンの寅さん」を演じた渥美清の命日である。寅さんファンにとっては特別な日なわけだが、渥美清の5回目の命日にあたる2001年8月4日に不思議なシンクロニシティが起こった。東京都にある柴又八幡神社古墳において「寅さん」にそっくりな埴輪（6世紀のもの）が出土したのだ。この埴輪は、ぼうしの雰囲気や顔のりんかくなどが寅さんによく似ていて、地元柴又では亡くなった寅さんがかえってきたと軽いさわぎになった。現在は複製が東京都葛飾区の「寅さん記念館」に展示中であるという。こんな不思議な偶然があるのだ。

帽子、目、まゆ毛が寅さんに似ている

第7章

心霊・死後の世界

心霊【しんれい】

いわゆる幽霊に関することを心霊といい、そこには、生物の魂も、神秘的なできごともふくまれている。霊が写った写真は心霊写真、霊らしきものが起こしたことは心霊現象。

死後の世界【しごのせかい】

人は死んだあとのことがわからない。善人だったら天国に、悪人だったら地獄に行く。それは本当なのだろうか。しかし、現実世界に少しだけ、死後の世界が見えることもあるのだ……。

ファイルNo. 088 心霊写真

いるはずのない人が写りこむ…
心霊写真

心霊・死後の世界

霊魂が物質化したものを「エクトプラズム」という

Ghost photo

DATA
発生場所…世界各地
発生年…19世紀〜

恐怖度 ★★★★★
謎度 ★★☆☆☆

心霊写真とはカメラで撮影された写真の画像に、いなかったはずの人物や亡くなったはずの人物が写りこむ怪奇現象であり、カメラの発達とともに19世紀からあらわれた。写真に霊が写りこむ理由として、被写体と関連深い死者が存在をアピールしている、偶然通りがかった霊が写りこんだなどといわれている。

昭和時代には心霊写真の写真集が発売されるなど、心霊研究家の中岡俊哉氏を中心にブームが巻き起こった。心霊写真鑑定のセオリーというものが確立され、手足が消えた写真は「先祖霊がケガの警告をしている」、赤い光が入ると「凶悪な霊がいる」、などと述べる解説が定番となった。

現在、デジカメやスマートフォンなどの写真に心霊が写りこむのが定番になっているが、オーブなどを中心とし

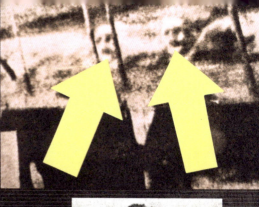

上)スコットランドのアイオナ教会に浮かぶ顔
右上)汽船の船員2人が事故死し、後日、顔が出現
右)アメリカ人のウィリアム・マムラーによる心霊写真
下)イギリスの火災現場で少女の霊が写った有名な写真

た地味なものが多い。
　デジタル時代となった今では偽造が可能であるが、加工した場合、ある程度のインチキは見破ることが可能である。しかし、霊のしわざといわれる心霊写真も存在している。デジタルデータにもかかわらず、霊の顔がまるで生きているかのように変化したり、持っているだけで不幸が起こる心霊写真データも報告されている。

山口敏太郎の推理!

心霊動画の大部分は、まだ芽が出ない若手監督が撮影し、あまり有名ではない役者が演じている。つまり、ショートホラーなのだ。考えてみれば、見切れて写り込む幽霊や、カメラ目線の幽霊などはありえない。彼らはあくまで演出された役者さんであり、演技なのだ。

ファイルNo.
089

エベン・アレグザンダー医師

心霊・死後の世界

脳神経外科の世界的権威が見た"死後の世界"
エベン・アレグザンダー医師

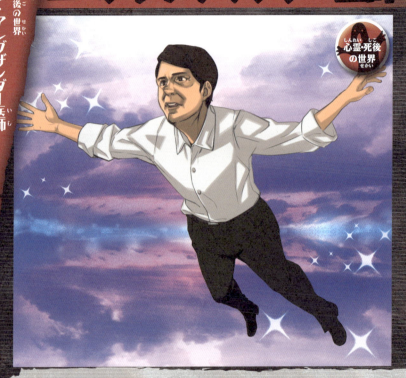

心霊・死後の世界

　人間の肉体の死は、本当に全ての消滅であろうか。ひょっとしたら、死後の世界があるのではないだろうか。これはわれわれ人類にとって永年の疑問であった。だが、ここ数年、死後の世界に関して、世界各国の学者が見解を表明している。
　東京大学の矢作直樹氏は『人は死なない―ある臨床医による摂理と霊性をめぐる思索』という本を出版。緊急医という立場から人間の死というものを追究している。東京大学だけではない。京都大学のカール・ベッカー教授も数多くの臨死体験の事例を研究し、死後の世界はあると断言しているのだ。
　このような動きは日本だけではない。アメリカのベストドクターのランキングに入る脳神経外科エベン・アレグザンダー博士は、もともとは死後の世界などないと断定していた。だが、アレグ

170

エベン・アレグザンダーは名門ハーバード大学医学大学院で脳神経外科医を務めていた

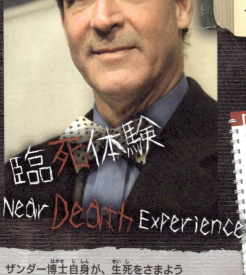

臨死体験
Near Death Experience

山口敏太郎の推理！

これは学問の世界だけでない。メディアのほうも動き始めている。"知の巨人"として名高い作家の立花隆氏は、かつて『証言・臨死体験』(1996年)という本を出版し、徹底した取材のもと臨死体験の可能性を示した。なんとこの取材の様子がNHKでも放送されたのだ。

DATA
発生場所…アメリカ合衆国
発生年…1953年(生年)

恐怖度 ★☆☆☆☆
謎度 ★★★★★

ザンダー博士自身が、生死をさまようような重病にかかってから、その考えは一変したという。自分の脳機能がストップするようなひん死の時に、明確に意識があって見舞客を記憶していたり、霊界で親切にしてくれた女性の容姿が、会ったことがないはずの生き別れの亡き妹とそっくりであることが判明したりと、数々の怪奇現象を体験し、死後の世界や臨死体験が実際にあると主張している。このカミングアウトはアメリカで大きな反響を巻き起こしている。

不思議なことだが、日本とアメリカの学者が同時に死後の世界について語り始めたのだ。

ポルターガイスト

ファイルNo. 090
心霊・死後の世界

家具や家電が勝手に動き出す！

　「ポルターガイスト」とはぞくにいうさわがしい幽霊現象のことであり、日本語では「そう霊」「家鳴り」ともよばれている。ホラー映画の題材になるほどメジャーな怪異現象で、誰も手をふれていないのに物が移動したり、うき上がったり、奇妙な音や声が聴こえたり、場合によっては発光や発火まで起こるとされている。
　日本の古い資料では、妖怪の一種で、小さい鬼のようなモノが物音を立てているが、一般的には人間の霊によるしわざではないかといわれている。
　このような現象の起こる現場にはある共通点がある。それは10代の女性がいるという点である。一部の仮説では未成年の女性の超能力的なものが作用しているとも考えられている。筆者が取材した現場でも、小学生の幼い姉妹がおり、彼女たちの父親を恋しく思う気持ちが「ポルターガイスト」を引き起こしたものと推測される。姉妹に催眠りょう法を行ったところ、この現象は起こらなくなった。

DATA

発生場所…世界各地
発生年…1600年代〜

恐怖度 ★★★★☆
謎度 ★★★☆☆

山口敏太郎の推理！

ポルターガイスト現象で悩む大阪府の屋敷を、友人の霊感風水師あーりんと一緒に訪問したことがある。この屋敷では数々の現象が引き起こされたのだが、特に印象的だったのは、月光仮面のフィギュアのサングラスに目玉が写りこんだという怪奇現象であった。

ドイツ語で「ポルター」は「さわがしい」、「ガイスト」は「霊」をあらわす。1600年代から記録が残る怪奇現象た

上）だれもいないはずの場所で音が鳴ることを「ラップ現象・ラップ音」という
下）ポルターガイストは地震の少ないイギリスで、かんちがいから生まれたという説も出てきている

Poltergeist

ファイルNo. **091**

赤い服の女の子の怨霊

山中深くに入りこんだ老婆が見たもの
赤い服の女の子の怨霊

心霊・死後の世界

2014年6月、台湾中を震かんさせる事件が発生した。ある老婆が家族とある観光地の公衆トイレに立ち寄った。トイレを出たところ、赤い服を着た女の子がいた。老婆は女の子に話しかけられ、その子のさそいにのってフラフラとついて行き、けい谷に沿って山中奥深く入りこんでしまった。赤い服の女の子は老婆を置いて消えてしまった。老婆の姿が見えなくなって、心配した家族は、警察や消防など500人体制で捜索した。3日目に山奥のけい谷沿いに腰かけていた老婆が発見された。

この発見された場所がまたすごい。成人男性でさえもなかなか大変な、道なき道を行かねばならない難所だったのだ。川や尾根を3km以上も歩かなければたどり着けないところだった。どうやって行ったのか不思議に思った関係者が老婆に聞いたのだが、赤い服

DATA
発生場所…台湾
発生年…2014年6月

恐怖度 ★★★☆☆
謎度 ★★★★★

老婆は救助されたときにすい弱していたが、そもそも普通の体力でもこの場所にたどり着くのは難しいらしい

を着た女の子にさそわれて来てしまったというのだ。

しかも、このそう難中の3日間、毎晩必ず"謎の老夫婦"が訪ねてきて話し相手になってはげましてくれた。お腹がすいたときには沢の水を飲んでうえをしのいだという。

すべてにおいてなにが起きたのかいまだ不明のままだが、老婆が山奥に移動していたのは事実である。

山口敏太郎の推理！

現地では学者が「すべて老婆の幻覚」と断定しているほか、人々は「赤い服の女は怨霊、はげましてくれた老夫婦はお地蔵さん」とうわさしており大論争になっている。不思議なことだが、監視カメラの映像には、トイレを出た老婆が振り返った方角に"赤い色をした物体"が写っているのだ。

ファイルNo. 092
心霊・死後の世界
呪いの軍服

怪異を引き起こす"最恐"アイテム
呪いの軍服

心霊・死後の世界

DATA
発生場所…日本
発生年…2015年

恐怖度 ★★★★★
謎度 ★★★☆☆

『山口敏太郎の妖怪博物館』の展示品の中で、"最恐"の呼び声が高いものが『魂の入った軍服』である。この軍服は岐阜で開催していた、お化け屋敷『恐怖の細道』にて小道具として使用されたものだった。マネキンに着せていたのだが、誰もさわっていないのに上着やズボンが脱げてしまう、お客さんが奇妙な声を聞いたり気配を感じる、最終日にはスタッフに倒れかかって離れてくれないなど、さまざまなことが起きたのだ。

山口敏太郎の推理！

この軍服に残る念はそうとう強いようで、博物館を訪れた人が奇妙な体験をしている。霊感の強い人だけでなく、そうでない人も、軍服を見て気分が悪くなったり、頭痛を感じたりする。きげんの良かった赤ちゃんや小さな子供が、軍服のほうを見ていきなり泣き出すなど、怪異現象は今も続いている。

ファイルNo. 093

輪廻転生は存在するのか
前世の記憶を持つ人々

前世の記憶を持つ人々
心霊・死後の世界

心霊・死後の世界

Memory in Former Incarnation

DATA
発生場所…世界各地
発生年…不明

恐怖度 ★★☆☆☆
謎度 ★★★★☆

　人間の魂は何度も何度も生まれ変わり、さまざまな人生を送りながら、魂を向上させていくという説がある。これは「輪廻転生」や「リーンカーネーション」とよばれている。
　人間はこの世界に何回も生まれ変わっているので、前世が何十もあり、その記憶は通常は魂の深い部分に埋蔵されているといわれている。なかには前世の記憶があるという人もおり、知らないはずの死者の記憶を語りだす場合もあるのだ。

山口敏太郎の推理！

　ブライアン・ワイス博士という人物は、前世の記憶を持つ子供たちをレポートした本を書いた。じつは、幼児期のネグレクト（育児放き）や家庭内暴力の治りょうに使う催眠りょう法中に、前世までたどりついてしまう人々がいるのだ。この記憶のデータがどこからきているのか、まったく説明がつかない。

山口敏太郎の極秘ファイル 7

極限状態の人間が見る"サードマン"

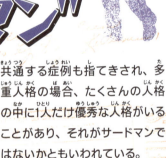

　山や海、災害現場などで、人間が極限状態におちいったとき、"サードマン"とよばれる存在が現れ、そう難者に「生きろ」とはげましたり、助かる道を教えるという。これを「サードマン現象」という。この目に見えない第三者は、欧米では「守護天使＝ガーディアンエンジェル」ともよばれている。

　サードマンは、たいがい人間の形で、亡くなった身内や友人、ときにはまったく知らない人物であったりする。多重人格と共通する症例も指てきされ、多重人格の場合、たくさんの人格の中に1人だけ優秀な人格がいることがあり、それがサードマンではないかともいわれている。

　物理的に"サードマン"を再現できると主張する研究者グループも実在する。脳の側頭葉と頭頂葉が接する部分に、電気や磁気などの刺激を流すと「神」や「守護霊」のような存在を検知する。右脳が生み出して、左脳が解しゃくしたのがサードマンだというわけだ。

第8章

怪人

怪人【かいじん】

未確認生物、妖怪、幽霊などには属さない、特しゅな能力を持つヒトガタのこと。その奇妙なヒトガタは、われわれが生活する社会にもひそんでいるのだ。

ファイルNo. 094 怪人 シャドーマン

肉眼では認識できない、影の存在

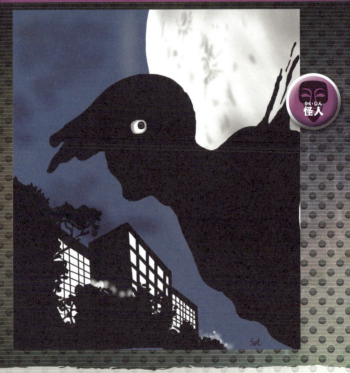

物語などで影がまるで生き物のように動き回るという設定は多い。たとえば『ポケモン』の「かげうち」という技は影をのばして攻撃するもので、『NARUTO』にも影をあやつる忍術があった。漫画の『名たんていカゲマン』、特撮の『ザ・カゲスター』など、昔から好んで使われる設定である。

そして、実際に影が動き回る怪物が「シャドーマン」である。これは欧米に限らず、わが国でも江戸時代には「影女」とよばれた。

別名「シャドーピープル」ともよばれるこの怪物は、ヒトガタをしているが、その姿は黒く影のようである。肉眼で確認できることはまれであり、ビデオやカメラなどで撮影されてはじめて気がつくことが多い。その行動はきわめて意味不明であり、ピンポンダッシュをしたり、パーティー会場を大またで横

浅草に出現したヒトガタの影。撮影には成功したが、肉体を持っているのかどうかは確認できていない

DATA

発生場所…世界各地
発生年…不明

リアル度 ★★★★★
危険度 ★★☆☆☆

切ったりしている姿がたびたび確認されている。

　平成以降の日本でも暗やくしており、浅草の仲見世通りでひとりでに歩くヒトガタの影が目撃され、それはカメラ撮影されている。

　その正体は「黒い幽霊（ブラックゴースト）」、もしくは「異次元人」と推測されているが、今もって判明していない。

山口敏太郎の推理！

筆者も昔、黒い影のようなヒトガタを見たことがある。夜中に妻とコンビニに行ったとき、前方をワイシャツ姿のサラリーマンが歩いていた。すると、そこに影のようなヒトガタが忍びよった。影のヒトガタは、ぬき足さし足でサラリーマンに忍びよると、その背中にすーっと消えた。あれはおそろしい体験であった。

ファイルNo.
095
怪人 スプリング・ヒール・ジャック

脅威の身体能力を持つコウモリ男
スプリング・ヒール・ジャック

怪人

「スプリング・ヒール・ジャック」とは欧米で目撃される怪人であり、高くジャンプすることのできるかかとを持っていて、別名「バネ足ジャック」ともよばれている。19世紀の終わりごろから目撃談が多発。危険なカギヅメで女性をおそい、警察や自警団に追われても数mのへいを人間とは思えないちょうやく力で飛びこえて逃げてしまう。コウモリのような羽のついた黒い上着に、マスクをかぶっている。貴族などを中心に数名の容疑者があげられたが、正体は今も不明である。

山口敏太郎の推理！
なぜこのような怪人物が登場してきたのだろうか。筆者は「宇宙人が送りこんだ改造人間説」、「マッドサイエンティストの快楽犯説」などを推測している。近年でもアメリカでドライブ中の車の前を横切ったともいわれており、まだまだ出ぼつする可能性が高い。

DATA
発生場所…欧米
発生年…19世紀末～

リアル度 ★★★☆☆
危険度 ★★★★★

身長4〜6mの南米の巨人族
パタゴン

ファイルNo. 096
怪人 パタゴン

怪人

　16世紀から18世紀にかけて南米大陸にいたとされるのが、巨人「パタゴン」たちである。彼らの存在は世界の船乗り仲間のあいだでは有名であり、とても友好的な人々であったという。マゼラン探検隊のアントニオ・ピガフェッタが報告し、一般市民にまで存在が知られるようになった。身長は諸説あるが、平均4〜6mとされており、モホス文明を築いた巨人族の末えいではないかという説も指てきされている。また、『ガリバー旅行記』のモデルではないかという意見も出ている。

DATA

発生場所…南米
発生年…16〜18世紀

リアル度 ★★★★★
危険度 ★☆☆☆☆

山口敏太郎の推理！

　現実の「パタゴン」は190cm程度だったというのが定説になっている。それでも当時の人間と比べれば十分巨人族であろう。アマゾンを中心に南米の生物は巨大化することが多い。ひょっとすると人間も含め生物を大きくするなにかがあるのかもしれない。

ファイルNo.
097
怪人
フライングヒューマノイド

空を自由自在に飛び回る怪人
フライングヒューマノイド

2009年に撮影されたと思われるフライングヒューマノイド

「フライングヒューマノイド」とはヒトガタの飛行物体であり、空中を自由自在に飛び回る怪人である。UFOから放たれたロボットや、宇宙人、空中飛行ができる未確認の怪物だとかいわれている。19世紀に目撃された空飛ぶ怪人「ロケットマン」と関係あるのではという声もあがっている。2015年も新年早々、スカイツリー付近に出ぼつした。このときは長方形の物体の左右にしょく手のようなものがのびたロボットのような姿をしており、まるで新年のスカイツリーを祝うかのように上昇していった。

山口敏太郎の推理！
2008年10月30日14時10分ごろ、福島市上空に黒色のひし形の飛行物体が現れた。東へと移動し雲の中に入り見えなくなった。地元では「フライングヒューマノイド」が現れたと評判になったが、正体はクジラの形をした全長約20mの気球だった。

DATA
発生場所…世界各地
発生年…不明

リアル度 ★★★
危険度 ★★

市民を恐怖におとしいれた毒ガス男
マッドガッサー

ファイルNo.**098**
マッドガッサー／怪人

怪人

　第2次世界大戦前から大戦中にかけて、アメリカでおそれられた怪人。それが黒づくめの服装で毒をまく怪人「マッドガッサー」である。ナチスの残党とも、異次元の住民とも、アメリカ政府の秘密の実験ともうわさされてきたが、正体はわからない。1930年代に初めて姿を現し、2度目は第2次世界大戦中の1944年9月であり、イリノイ州のマトゥーンで薬品をまきちらし、軽いパニックにおとしいれた。世界大戦という背景もあり、社会不安によってうわさが広がったと思われる。

DATA
発生場所…アメリカ合衆国
発生年…1930年代〜

リアル度　★★☆☆☆
危険度　　★★★★★

山口敏太郎の推理！
　事件後、ナチス工作員がアメリカに潜入しており、市民を殺害する毒ガス噴霧計画がなされているというデマ話が広まった。また、なんと毒ガスをまく男は、イギリスでもうわさされていた。「マッドガッサー」はヨーロッパにも現れていたのだ。

ファイルNo. 099
怪人 ホワイトレディ

フィリピン版"口裂け女"
ホワイトレディ

怪人

　その姿は白く、もやのような半透明であり、急に消えたり姿を現したりする幽霊のようなものといわれているのが「ホワイトレディ」である。学校の怪談的な側面があり、10代の子供たちのあいだでおもに語られている。なかには「ホワイトレディ」をよび出す歌もあり、伝承によると、ある橋の上で、その歌を歌うと「ホワイトレディ」がやってくるとされている。フィリピンではかなり有名な怪人であり、日本における現代妖怪「口裂け女」みたいなものだという。

山口敏太郎の推理！
　やたらに、この存在をこわがる一方で「ホワイトレディ」を見ると幸せになるといわれている。フィリピンをはじめ東南アジアでは、女の吸血鬼の存在が語られているが、「ホワイトレディ」はその現代版といったところであろうか。

DATA
発生場所…フィリピン
発生年…不明

リアル度　★★★★★
危険度　　★★☆☆☆

186

山口敏太郎の極秘ファイル 8

怪人とはいったいなんなのか

　この"怪人"という概念は、筆者が十数年前から提唱しているものである。ここ30年あまりの間に、未確認生物、妖怪、幽霊、宇宙人など、どの分野にも属さない不思議な存在が増えている。そのなかでもヒトガタのものを指した総称である。

　ゴム人間（P14）、シャドーマン（P180）、スレンダーマン、八尺さま、ヤギ男、シャギー、フラッシュマン、フライングヒューマノイド（P184）、ブタ男、リザードマンなど、その数は毎年のように増えている。このような生物は本来、生物学上ではありえない。

　まるで仮面ライダーの怪人工場のような状態だが、このような人型で、人間の住む都市に出ぼつする"怪人"の増しょくには、われわれ人間に芽生えた人間不信が背後にあるのではないだろうか。つまり、妖怪や未確認生物よりも、あやしい隣人がこわい、都会の人ごみがこわいという、人間への恐怖心が大きいように思える。今後も"怪人"は増え続けるであろう。

Mystery Spot in Japan
謎の怪奇エリアを発見！ 日本の

われわれの住む、この日本には不思議としかいいようがないミステリースポットがたくさんある。そのなかでも特別にあやしいものを、地方別に紹介しよう。あなたの近くにも、特別な力を持つ場所があるかもしれない。

- 河童淵
- 満奇洞
- 将門の首塚
- 油すましの墓

ファイルNo.100
九州エリア
油すましの墓

水木しげるの漫画『ゲゲゲの鬼太郎』や、映画『妖怪大戦争』で、いちやく人気者になった妖怪が「油すまし」である。この妖怪は熊本の妖怪で、油の材料をとりにいった老人が亡くなり、その現場で老人の霊を妖怪として語りついだ結果、生まれたと推測されている。熊本県の天草市には「油すましの墓」がある。そこには地蔵のような石像が3体あるのだが、なぜか、すべて首がなく、なかには手が落ちているものもある。現在は町おこしの題材になっているが、ひとりで行くとかなりぶきみだ。

DATA

所在地	熊本県天草市
恐怖度	★★★
怪奇度	★★★

謎多き有名妖怪の数少ない史跡

◀ 草隅越という峠に油すまし出現の逸話が残る

ミステリースポット

ファイルNo.101
東北エリア
今なお生息!? 河童淵

遠野といえば日本を代表する民話の里であり、今も多くの妖怪伝承が息づいている。古くから日本人に人気のある河童も遠野ではまだまだ現役の妖怪だ。遠野の河童スポットとしては、河童淵があげられるが、じつは公開されている河童淵は観光用であり、本当に妖しい河童淵は山の深いところにある。『遠野物語』で書かれた河童のぶきみさを肌で感じることができる。また遠野市内を流れる川では今でも、水中から垂直に飛び上がる河童が目撃されており、未確認生物として存在する可能性が残されている。

DATA
所在地　岩手県遠野市
恐怖度　★★
怪奇度　★★★★

伝承多き河童がひそむ本当の地

河童淵のほとりには観光客向けの河童像がある

ファイルNo.102 満奇洞
中国エリア

横溝正史といえば、昭和時代に人気を博した推理作家であった。ぼさぼさ頭と和服がトレードマークの名探偵金田一耕助が数多くの難事件を解決するシリーズが大人気で、映画化もされている。その映画シリーズは角川映画として作られたのだが、なかでも『悪霊島』はもっとも気味が悪いと記憶している。そのロケ地である岡山県の満奇洞という鍾乳洞を訪問したことがあるのだが、この上なくぶきみであった。岡山県指定の天然記念物で、歌人の与謝野晶子がここを訪れたときに「奇に満ちた洞」と詠んだことから名づけられた。

DATA

所在地	岡山県新見市
恐怖度	★
怪奇度	★★★★★

自然がつくった奇妙なオブジェ

▲澄んだ泉と鍾乳石でできた異世界への入り口

日本のミステリースポット

ふれては いけない、最大級の怨念

▲首塚は心霊スポットとして多くの人が訪れる

ファイルNo.103
関東エリア
将門の首塚

崇徳上皇、菅原道真とともに日本の三大怨霊といわれる平将門の首塚である。平将門は平安時代中期の関東の武将で、みずから新皇と称して関東独立をはかったが、朝廷軍との争いで討ち死にした。東京の大手町にある将門の首塚は、京都で処刑された首が飛び帰って落ちた場所ともいわれる。ここは再開発計画でもふれてはいけない場所で、過去にもさまざまなたたりを起こした。移転計画を立てた大臣や、解体しようとした作業員が死んでいるのだ。また、たたりをおそれて、東京都新宿区の円照寺には将門の鎧がうめられたという伝承がある。

DATA

所在地	東京都千代田区
恐怖度	★★★★★
怪奇度	★★★

著者紹介　山口敏太郎

1966年7月20日、徳島県生まれ。作家・漫画原作者。株式会社山口敏太郎タートルカンパニー代表取締役。主な著作は『本当にいる日本の「未知生物」案内』(笠倉出版社)、『大迫力！日本の妖怪大百科』(西東社)、『未確認生物 超謎図鑑』『怖すぎる怪談ゾゾゾ』(ともに永岡書店)など。テレビ出演にテレビ東京「おはスタ645」(UMAコーナー担当)、読売テレビ「上沼・高田のクギズケ」、「ビートたけしの超常現象(秘)Xファイル」、「緊急検証！」シリーズ(CSファミリー劇場／不定期放送)にレギュラー出演中。テレビ・ラジオ出演歴は300本を超える。また、お台場にてUMA・妖怪の博物館「山口敏太郎の妖怪博物館」も運営中。

編集協力	株式会社山口敏太郎タートルカンパニー
装丁	髙垣智彦 (かわうそ部長)
本文デザイン	有限会社トリプルライン、髙垣智彦 (かわうそ部長)
イラスト	アートギャラリーハギオ、おおぐろてん、sel.、増田よしはる

写真提供：アフロ (John Warburton-Lee、Mondadori、坂本照、Yonhap、TASS、早坂正志、高橋よしてる、南チロル考古学博物館/picture alliance、Alamy、Photononstop、Ullstein bild、he New York Times、GOTO AKI、akeo Shimizu Photo Office、DeA Picture Library、Ardea、Bridgeman Images、三枝輝雄、Roger-Viollet、AP、Everett Collection、高田芳裕、AGE FOTOSTOCK、白崎良明、山口範子、Science Photo Library、Universal Images Group、読売新聞、ロイター、遠藤紀勝、毎日新聞社、三木光、TopFoto、清水誠司、robertharding、ZUMAPRESS、Picture Finders、G/S/Camera Press、富井義夫、石原正雄、plainpicture、Fortean、Super Stock、山梨勝弘、Mary Evans Picture Library)
株式会社山口敏太郎タートルカンパニー、葛飾柴又寅さん記念館、国立国会図書館蔵

世界の不思議 超怪奇ファイルXX

著者	山口敏太郎	DTP	編集室クルー
発行者	永岡純一	印刷	横山印刷
発行所	株式会社永岡書店	製本	ダイワビーツー
	〒176-8518　東京都練馬区豊玉上1-7-14		
電話	03-3992-5155 (代表)		ISBN 978-4-522-43411-6 C8076
	03-3992-7191 (編集)		落丁本・乱丁本はお取り替えいたします。
			本書の無断複写・複製・転載を禁じます。